PREFACIO

La colección de guías de conversación para viajar "Todo irá bien" publicada por T&P Books está diseñada para personas que viajan al extranjero para turismo y negocios. Las guías contienen lo más importante - los elementos esenciales para una comunicación básica.Éste es un conjunto de frases imprescindibles para "sobrevivir" mientras está en el extranjero.

Esta guía de conversación le ayudará en la mayoría de los casos donde usted necesite pedir algo, conseguir direcciones, saber cuánto cuesta algo, etc. Puede también resolver situaciones difíciles de la comunicación donde los gestos no pueden ayudar.

Este libro contiene una gran cantidad de frases que han sido agrupadas según los temas más relevantes. Esta edición también incluye un pequeño vocabulario que contiene alrededor de 3.000 de las palabras más frecuentemente usadas.Otra sección de la guía proporciona un glosario gastronómico que le puede ayudar a pedir los alimentos en un restaurante o a comprar comestibles en la tienda.

Llévese la guía de conversación "Todo irá bien" en el camino y tendrá una insustituible compañera de viaje que le ayudará a salir de cualquier situación y le enseñará a no temer hablar con extranjeros.

TABLA DE CONTENIDOS

Pronunciación 5
Lista de abreviaturas 7
Guía de conversación Español-Polaco 9
Vocabulario temático 73
Glosario gastronómico 191

T&P Books Publishing

Colección de guías de conversación
"¡Todo irá bien!"

T&P Books Publishing

GUÍA DE CONVERSACIÓN

— POLACO —

Andrey Taranov

LAS PALABRAS Y LAS FRASES MÁS ÚTILES

Esta Guía de Conversación contiene las frases y las preguntas más comunes necesitadas para una comunicación básica con extranjeros

Guía de conversación + diccionario de 3000 palabras

Guía de conversación Español-Polaco y vocabulario temático de 3000 palabras

por Andrey Taranov

La colección de guías de conversación para viajar "Todo irá bien" publicada por T&P Books está diseñada para personas que viajan al extranjero para turismo y negocios. Las guías contienen lo más importante - los elementos esenciales para una comunicación básica. Éste es un conjunto de frases imprescindibles para "sobrevivir" mientras está en el extranjero.

Este libro también incluye un pequeño vocabulario temático que contiene alrededor de 3.000 de las palabras más frecuentemente usadas. Otra sección de la guía proporciona un glosario gastronómico que le puede ayudar a pedir los alimentos en un restaurante o a comprar comestibles en la tienda.

T&P Books Publishing
www.tpbooks.com

ISBN: 978-1-78492-662-5

PRONUNCIACIÓN

La letra	Ejemplo polaco	T&P alfabeto fonético	Ejemplo español

Las vocales

A a	fala	[a]	radio
Ą ą	są	[ɔ̃]	[o] nasal
E e	tekst	[ɛ]	mes
Ę ę	pięć	[ɛ̃]	[e] nasal
I i	niski	[i]	ilegal
O o	strona	[ɔ]	costa
Ó ó	ołów	[u]	mundo
U u	ulica	[u]	mundo
Y y	stalowy	[ɪ]	abismo

Las consonantes

B b	brew	[b]	en barco
C c	palec	[ʦ]	tsunami
Ć ć	haftować	[ʧ]	mapache
D d	modny	[d]	desierto
F f	perfumy	[f]	golf
G g	zegarek	[g]	jugada
H h	handel	[h]	registro
J j	jajko	[j]	asiento
K k	krab	[k]	charco
L l	mleko	[l]	lira
Ł ł	głodny	[w]	acuerdo
M m	guma	[m]	nombre
N n	Indie	[n]	número
Ń ń	jesień	[ɲ]	leña
P p	poczta	[p]	precio
R r	portret	[r]	era, alfombra
S s	studnia	[s]	salva
Ś ś	świat	[ɕ]	China

La letra	Ejemplo polaco	T&P alfabeto fonético	Ejemplo español
T t	**taniec**	[t]	bestia
W w	**wieczór**	[v]	travieso
Z z	**zachód**	[z]	desde
Ź ź	**żaba**	[ʑ]	tadzhik
Ż ż	**żagiel**	[ʒ]	adyacente

Las combinaciones de letras

ch	**ich, zachód**	[h]	mejicano
ci	**kwiecień**	[ʧ]	porche
cz	**czasami**	[ʧ]	mapache
dz	**dzbanek**	[ʣ]	inglés kids
dzi	**dziecko**	[ʥ]	tadzhik
dź	**dźwig**	[ʥ]	tadzhik
dż	**dżinsy**	[j]	asiento
ni	**niedziela**	[ɲ]	leña
rz	**orzech**	[ʒ]	adyacente
si	**osiem**	[ɕ]	China
sz	**paszport**	[ʃ]	shopping
zi	**zima**	[ʑ]	tadzhik

Comentarios

- Las letras **Qq, Vv, Xx** se emplean en palabras prestadas solamente

LISTA DE ABREVIATURAS

Abreviatura en español

adj	-	adjetivo
adv	-	adverbio
anim.	-	animado
conj	-	conjunción
etc.	-	etcétera
f	-	sustantivo femenino
f pl	-	femenino plural
fam.	-	uso familiar
fem.	-	femenino
form.	-	uso formal
inanim.	-	inanimado
innum.	-	innumerable
m	-	sustantivo masculino
m pl	-	masculino plural
m, f	-	masculino, femenino
masc.	-	masculino
mat	-	matemáticas
mil.	-	militar
num.	-	numerable
p.ej.	-	por ejemplo
pl	-	plural
pron	-	pronombre
sg	-	singular
v aux	-	verbo auxiliar
vi	-	verbo intransitivo
vi, vt	-	verbo intransitivo, verbo transitivo
vr	-	verbo reflexivo
vt	-	verbo transitivo

Abreviatura en polaco

ż	-	sustantivo femenino
ż, l.mn.	-	femenino plural
l.mn.	-	plural
m	-	sustantivo masculino
m, ż	-	masculino, femenino

m, l.mn.	-	masculino plural
n	-	neutro

GUÍA DE CONVERSACIÓN POLACO

Esta sección contiene frases importantes que pueden resultar útiles en varias situaciones de la vida real. La Guía le ayudará a pedir direcciones, aclaración sobre precio, comprar billetes, y pedir alimentos en un restaurante

T&P Books Publishing

CONTENIDO DE LA GUÍA DE CONVERSACIÓN

Lo más imprescindible 12
Preguntas 15
Necesidades 16
Preguntar por direcciones 18
Carteles 20
Transporte. Frases generales 22
Comprar billetes 24
Autobús 26
Tren 28
En el tren. Diálogo (Sin billete) 29
Taxi 30
Hotel 32
Restaurante 35
De Compras 37
En la ciudad 39
Dinero 41

Tiempo 43
Saludos. Presentaciones. 45
Despedidas 47
Idioma extranjero 49
Disculpas 50
Acuerdos 51
Rechazo. Expresar duda 52
Expresar gratitud 54
Felicitaciones , Mejores Deseos 56
Socializarse 57
Compartir impresiones. Emociones 60
Problemas, Accidentes 62
Problemas de salud 65
En la farmacia 68
Lo más imprescindible 70

T&P Books Publishing

Lo más imprescindible

Perdone, …	**Przepraszam, …** [pʃɛ'praʃam, …]
Hola.	**Witam.** ['vʲitam]
Gracias.	**Dziękuję.** [dʑiɛŋ'kujɛ]
Sí.	**Tak.** [tak]
No.	**Nie.** [ɲɛ]
No lo sé.	**Nie wiem.** [ɲɛ 'vʲɛm]
¿Dónde? | ¿A dónde? | ¿Cuándo?	**Gdzie? | Dokąd? | Kiedy?** [gdʑɛ? | 'dɔkɔnt? | 'kʲɛdɨ?]
Necesito …	**Potrzebuję …** [pɔʧɛ'bujɛ …]
Quiero …	**Chcę …** ['xtsɛ …]
¿Tiene …?	**Czy jest …?** [ʧɨ 'jɛst …?]
¿Hay … por aquí?	**Czy jest tutaj …?** [ʧɨ 'jɛst 'tutaj …?]
¿Puedo …?	**Czy mogę …?** [ʧɨ 'mɔgɛ …?]
…, por favor? (petición educada)	**…, poproszę** […, pɔ'prɔʃɛ]
Busco …	**Szukam …** ['ʃukam …]
el servicio	**toalety** [tɔa'lɛtɨ]
un cajero automático	**bankomatu** [bankɔ'matu]
una farmacia	**apteki** [a'ptɛkʲi]
el hospital	**szpitala** [ʃpʲi'tala]
la comisaría	**komendy policji** [kɔ'mɛndɨ pɔ'ʎitsji]
el metro	**metra** ['mɛtra]

un taxi	**taksówki** [ta'ksufkʲi]
la estación de tren	**dworca kolejowego** ['dvɔrtsa kɔlɛjɔ'vɛgɔ]

Me llamo …	**Mam na imię …** [mam na 'imʲiɛ …]
¿Cómo se llama?	**Jak pan /pani/ ma na imię?** ['jak pan /'paɲi/ ma na 'imʲiɛ?]
¿Puede ayudarme, por favor?	**Czy może pan /pani/ mi pomóc?** [ʧɨ 'mɔʒɛ pan /'paɲi/ mʲi 'pɔmuts?]
Tengo un problema.	**Mam problem.** [mam 'prɔblɛm]
Me encuentro mal.	**Źle się czuję.** [ʑlɛ ɕiɛ 'ʧujɛ]
¡Llame a una ambulancia!	**Proszę wezwać karetkę!** ['prɔʃɛ 'vɛzvatɕ ka'rɛtkɛ!]
¿Puedo llamar, por favor?	**Czy mogę zadzwonić?** [ʧɨ 'mɔgɛ za'dzvɔɲitɕ?]

Lo siento.	**Przepraszam.** [pʃɛ'praʃam]
De nada.	**Proszę bardzo.** ['prɔʃɛ 'bardzɔ]

Yo	**ja** ['ja]
tú	**ty** ['tɨ]
él	**on** [ɔn]
ella	**ona** ['ɔna]
ellos	**oni** ['ɔɲi]
ellas	**one** ['ɔnɛ]
nosotros /nosotras/	**my** ['mɨ]
ustedes, vosotros	**wy** ['vɨ]
usted	**pan /pani/** [pan /'paɲi/]

ENTRADA	**WEJŚCIE** ['vɛjɕtɕɛ]
SALIDA	**WYJŚCIE** ['vɨjɕtɕɛ]
FUERA DE SERVICIO	**NIECZYNNY** [ɲɛ'ʧɨnnɨ]
CERRADO	**ZAMKNIĘTE** [za'mkɲiɛntɛ]

ABIERTO	**OTWARTE** [ɔ'tfartɛ]
PARA SEÑORAS	**PANIE** ['paɲɛ]
PARA CABALLEROS	**PANOWIE** [pa'nɔvʲɛ]

Preguntas

¿Dónde?	**Gdzie?** [gdʑɛ?]
¿A dónde?	**Dokąd?** ['dɔkɔnt?]
¿De dónde?	**Skąd?** ['skɔnt?]
¿Por qué?	**Dlaczego?** [dla'ʧɛgɔ?]
¿Con que razón?	**Dlaczego?** [dla'ʧɛgɔ?]
¿Cuándo?	**Kiedy?** ['kʲɛdɨ?]
¿Cuánto tiempo?	**Jak długo?** ['jag 'dwugɔ?]
¿A qué hora?	**O której godzinie?** [ɔ 'kturɛj gɔ'dʑiɲɛ?]
¿Cuánto?	**Ile kosztuje?** ['ilɛ kɔ'ʃtujɛ?]
¿Tiene ...?	**Czy jest ...?** [ʧɨ 'jɛst ...?]
¿Dónde está ...?	**Gdzie jest ...?** [gdʑɛ 'jɛst ...?]
¿Qué hora es?	**Która godzina?** ['ktura gɔ'dʑina?]
¿Puedo llamar, por favor?	**Czy mogę zadzwonić?** [ʧɨ 'mɔgɛ za'dzvɔɲitɕ?]
¿Quién es?	**Kto tam?** [ktɔ tam?]
¿Se puede fumar aquí?	**Czy mogę tu zapalić?** [ʧɨ 'mɔgɛ tu za'paʎitɕ?]
¿Puedo ...?	**Czy mogę ...?** [ʧɨ 'mɔgɛ ...?]

Necesidades

Quisiera ...	**Chciałbym /Chciałabym/ ...** ['xtɕawbɨm /xtɕa'wabɨm/ ...]
No quiero ...	**Nie chcę ...** [ɲɛ 'xtsɛ ...]
Tengo sed.	**Jestem spragniony /spragniona/.** ['jɛstɛm spra'gɲɔnɨ /spra'gɲɔna/]
Tengo sueño.	**Chce mi się spać.** ['xtsɛ mʲi ɕiɛ 'spatɕ]
Quiero ...	**Chcę ...** ['xtsɛ ...]
lavarme	**umyć się** ['umɨtɕ ɕiɛ]
cepillarme los dientes	**umyć zęby** ['umɨtɕ 'zɛmbɨ]
descansar un momento	**trochę odpocząć** ['trɔxɛ ɔ'tpɔtʃɔntɕ]
cambiarme de ropa	**zmienić ubranie** ['zmʲɛɲitɕ u'braɲɛ]
volver al hotel	**wrócić do hotelu** ['vrutɕitɕ dɔ xɔ'tɛlu]
comprar ...	**kupić ...** ['kupʲitɕ ...]
ir a ...	**iść ...** ['iɕtɕ ...]
visitar ...	**odwiedzić ...** [ɔ'dvʲɛdʑitɕ ...]
quedar con ...	**spotkać się z ...** ['spɔtkatɕ ɕiɛ s ...]
hacer una llamada	**zadzwonić** [za'dzvɔɲitɕ]
Estoy cansado /cansada/.	**Jestem zmęczony /zmęczona/.** ['jɛstɛm zmɛ'ntʃɔnɨ /zmɛ'ntʃɔna/]
Estamos cansados /cansadas/.	**Jesteśmy zmęczeni /zmęczone/.** [jɛs'tɛɕmɨ zmɛ'ntʃɛɲi /zmɛ'ntʃɔnɛ/]
Tengo frío.	**Jest mi zimno.** ['jɛst mʲi 'ʑimnɔ]
Tengo calor.	**Jest mi gorąco.** ['jɛst mʲi gɔ'rɔntsɔ]
Estoy bien.	**W porządku.** [f pɔ'ʒɔntku]

Tengo que hacer una llamada.	**Muszę zadzwonić.** ['muʃɛ za'dzvɔɲitɕ]
Necesito ir al servicio.	**Muszę iść do toalety.** ['muʃɛ 'iɕtɕ dɔ tɔa'lɛtɨ]
Me tengo que ir.	**Muszę iść.** ['muʃɛ 'iɕtɕ]
Me tengo que ir ahora.	**Muszę już iść.** ['muʃɛ 'juʒ 'iɕtɕ]

Preguntar por direcciones

Perdone, ...	**Przepraszam, ...** [pʃɛ'praʃam, ...]
¿Dónde está ...?	**Gdzie jest ...?** [gdʑɛ 'jɛst ...?]
¿Por dónde está ...?	**W którą stronę jest ...?** [f 'kturɔ̃ 'strɔnɛ 'jɛst ...?]
¿Puede ayudarme, por favor?	**Czy może pan /pani/ mi pomóc?** [ʧɨ 'mɔʒɛ pan /'paɲi/ mʲi 'pɔmuts?]
Busco ...	**Szukam ...** ['ʃukam ...]
Busco la salida.	**Szukam wyjścia.** ['ʃukam 'vɨjɕtɕa]
Voy a ...	**Jadę do ...** ['jadɛ dɔ ...]
¿Voy bien por aquí para ...?	**Czy idę w dobrym kierunku do ...?** [ʧɨ 'idɛ v 'dɔbrɨm kʲɛ'runku 'dɔ ...?]
¿Está lejos?	**Czy to daleko?** [ʧɨ tɔ da'lɛkɔ?]
¿Puedo llegar a pie?	**Czy mogę tam dojść pieszo?** [ʧɨ 'mɔgɛ tam 'dɔjɕtɕ 'pʲɛʃɔ?]
¿Puede mostrarme en el mapa?	**Czy może mi pan /pani/ pokazać na mapie?** [ʧɨ 'mɔʒɛ mʲi pan /'paɲi/ pɔ'kazatɕ na 'mapʲɛ?]
Por favor muestreme dónde estamos.	**Proszę mi pokazać gdzie teraz jesteśmy.** ['prɔʃɛ mʲi pɔ'kazatɕ gdʑɛ 'tɛras jɛ'stɛɕmɨ]
Aquí	**Tutaj** ['tutaj]
Allí	**Tam** [tam]
Por aquí	**Tędy** ['tɛndɨ]
Gire a la derecha.	**Należy skręcić w prawo.** [na'lɛʒɨ 'skrɛntɕitɕ f 'pravɔ]
Gire a la izquierda.	**Należy skręcić w lewo.** [na'lɛʒɨ 'skrɛntɕitɕ v 'lɛvɔ]
la primera (segunda, tercera) calle	**pierwszy (drugi, trzeci) skręt** ['pʲɛrfʃɨ ('drugi, 'tʃɛtɕi) 'skrɛnt]

a la derecha	**w prawo** [f 'pravɔ]
a la izquierda	**w lewo** [v 'lɛvɔ]
Siga recto.	**Proszę iść prosto.** ['prɔʃɛ 'iɕtɕ 'prɔstɔ]

Carteles

¡BIENVENIDO!	**WITAMY!** [vʲi'tamɨ!]
ENTRADA	**WEJŚCIE** ['vɛjɕtɕɛ]
SALIDA	**WYJŚCIE** ['vɨjɕtɕɛ]
EMPUJAR	**PCHAĆ** ['pxatɕ]
TIRAR	**CIĄGNĄĆ** ['tɕiɔŋgnɔntɕ]
ABIERTO	**OTWARTE** [ɔ'tfartɛ]
CERRADO	**ZAMKNIĘTE** [za'mkɲiɛntɛ]
PARA SEÑORAS	**PANIE** ['paɲɛ]
PARA CABALLEROS	**PANOWIE** [pa'nɔvʲɛ]
CABALLEROS	**TOALETA MĘSKA** [tɔa'lɛta 'mɛ̃ska]
SEÑORAS	**TOALETA DAMSKA** [tɔa'lɛta 'damska]
REBAJAS	**ZNIŻKI** ['zɲiʃkʲi]
VENTA	**WYPRZEDAŻ** [vɨ'pʃɛdaʒ]
GRATIS	**ZA DARMO** [za 'darmɔ]
¡NUEVO!	**NOWOŚĆ!** ['nɔvɔɕtɕ!]
ATENCIÓN	**UWAGA!** [u'vaga!]
COMPLETO	**BRAK WOLNYCH MIEJSC** ['brag 'vɔlnɨx 'mʲɛjsts]
RESERVADO	**REZERWACJA** [rɛzɛ'rvatsja]
ADMINISTRACIÓN	**ADMINISTRACJA** [admʲiɲi'stratsja]
SÓLO PERSONAL AUTORIZADO	**TYLKO DLA PERSONELU** ['tɨlkɔ 'dla pɛrsɔ'nɛlu]

CUIDADO CON EL PERRO	**UWAGA PIES** [u'vaga 'pʲɛs]
NO FUMAR	**ZAKAZ PALENIA** ['zakas pa'lɛɲa]
NO TOCAR	**NIE DOTYKAĆ!** [ɲɛ dɔ'tɨkatɕ!]
PELIGROSO	**NIEBEZPIECZNE** [ɲɛbɛ'spʲɛʧnɛ]
PELIGRO	**NIEBEZPIECZEŃSTWO** [ɲɛbɛspʲɛ'ʧɛɲstfɔ]
ALTA TENSIÓN	**WYSOKIE NAPIĘCIE** [vɨ'sɔkʲɛ na'pʲiɛntɕɛ]
PROHIBIDO BAÑARSE	**ZAKAZ PŁYWANIA** ['zakas pwɨ'vaɲa]
FUERA DE SERVICIO	**NIECZYNNY** [ɲɛ'ʧɨnnɨ]
INFLAMABLE	**ŁATWOPALNY** [watfɔ'palnɨ]
PROHIBIDO	**ZABRONIONE** [zabrɔ'ɲɔnɛ]
PROHIBIDO EL PASO	**WSTĘP WZBRONIONY!** ['fstɛmb vzbrɔ'ɲɔnɨ!]
RECIÉN PINTADO	**ŚWIEŻO MALOWANE** ['ɕvʲɛʒɔ malɔ'vanɛ]
CERRADO POR RENOVACIÓN	**ZAMKNIĘTE NA CZAS REMONTU** [za'mkɲiɛntɛ na 'ʧaz rɛ'mɔntu]
EN OBRAS	**ROBOTY DROGOWE** [rɔ'bɔtɨ drɔ'gɔvɛ]
DESVÍO	**OBJAZD** ['ɔbjazt]

Transporte. Frases generales

el avión	**samolot** [sa'mɔlɔt]
el tren	**pociąg** ['pɔtɕiɔŋk]
el bus	**autobus** [aw'tɔbus]
el ferry	**prom** ['prɔm]
el taxi	**taksówka** [ta'ksufka]
el coche	**samochód** [sa'mɔxut]
el horario	**rozkład jazdy | rozkład lotów** ['rɔskwat 'jazdɨ | 'rɔskwat 'lɔtuf]
¿Dónde puedo ver el horario?	**Gdzie znajdę rozkład jazdy?** [gdʑɛ 'znajdɛ 'rɔskwat 'jazdɨ?]
días laborables	**dni robocze** ['dɲi rɔ'bɔʧɛ]
fines de semana	**weekend** [vɛ'ɛkɛnt]
días festivos	**święta** ['ɕvʲiɛnta]
SALIDA	**WYJAZDY | PRZYLOTY** [vɨ'jazdɨ | pʃɨ'lɔtɨ]
LLEGADA	**PRZYJAZDY | ODLOTY** [pʃɨ'jazdɨ | ɔ'dlɔtɨ]
RETRASADO	**OPÓŹNIONY** [ɔpu'ʑɲɔnɨ]
CANCELADO	**ODWOŁANY** [ɔdvɔ'wanɨ]
siguiente (tren, etc.)	**następny** [na'stɛmpnɨ]
primero	**pierwszy** ['pʲɛrfʃɨ]
último	**ostatni** [ɔ'statɲi]
¿Cuándo pasa el siguiente ...?	**O której jest następny ...?** [ɔ 'kturɛj 'jɛst na'stɛmpnɨ ...?]
¿Cuándo pasa el primer ...?	**O której jest pierwszy ...?** [ɔ 'kturɛj 'jɛst 'pʲɛrfʃɨ ...?]

¿Cuándo pasa el último ...?	**O której jest ostatni ...?** [ɔ 'kturɛj 'jɛst ɔ'statɲi ...?]
el trasbordo (cambio de trenes, etc.)	**przesiadka** [pʃɛ'ɕatka]
hacer un trasbordo	**przesiąść się** ['pʃɛɕiɔ̃ɕtɕ ɕiɛ]
¿Tengo que hacer un trasbordo?	**Czy muszę się przesiadać?** [ʧɨ 'muʃɛ ɕiɛ pʃɛ'ɕadatɕ?]

Comprar billetes

¿Dónde puedo comprar un billete? — **Gdzie mogę kupić bilety?** [gdʑɛ 'mɔgɛ 'kupʲitɕ bʲi'lɛtɨ?]

el billete — **bilet** ['bʲilɛt]

comprar un billete — **kupić bilet** ['kupʲitɕ 'bʲilɛt]

precio del billete — **cena biletu** ['tsɛna bʲi'lɛtu]

¿Para dónde? — **Dokąd?** ['dɔkɔnt?]

¿A qué estación? — **Do której stacji?** [dɔ 'kturɛj 'statsji?]

Necesito … — **Poproszę …** [pɔ'prɔʃɛ …]

un billete — **jeden bilet** ['jɛdɛn 'bʲilɛt]

dos billetes — **dwa bilety** ['dva bʲi'lɛtɨ]

tres billetes — **trzy bilety** [tʃɨ bʲi'lɛtɨ]

---

sólo ida — **w jedną stronę** [f 'jɛdnɔ̃ 'strɔnɛ]

ida y vuelta — **w obie strony** [v 'ɔbʲɛ 'strɔnɨ]

en primera (primera clase) — **pierwsza klasa** ['pʲɛrfʃa 'klasa]

en segunda (segunda clase) — **druga klasa** ['druga 'klasa]

---

hoy — **dzisiaj** ['dʑiɕaj]

mañana — **jutro** ['jutrɔ]

pasado mañana — **pojutrze** [pɔ'jutʃɛ]

por la mañana — **rano** ['ranɔ]

por la tarde — **po południu** [pɔ pɔ'wudɲu]

por la noche — **wieczorem** [vʲɛ'tʃɔrɛm]

asiento de pasillo	**miejsce przy przejściu** ['mʲɛjstsɛ pʃɨ 'pʃɛjɕtɕu]
asiento de ventanilla	**miejsce przy oknie** ['mʲɛjstsɛ pʃɨ 'ɔkɲɛ]
¿Cuánto cuesta?	**Ile kosztuje?** ['ilɛ kɔ'ʃtujɛ?]
¿Puedo pagar con tarjeta?	**Czy mogę zapłacić kartą?** [ʧɨ 'mɔgɛ za'pwatɕitɕ 'kartɔ̃?]

Autobús

el autobús	**autobus** [aw'tɔbus]
el autobús interurbano	**autobus międzymiastowy** [aw'tɔbus mʲiɛndzɨmʲa'stɔvɨ]
la parada de autobús	**przystanek autobusowy** [pʃɨ'stanɛk awtɔbu'sɔvɨ]
¿Dónde está la parada de autobuses más cercana?	**Gdzie jest najbliższy przystanek autobusowy?** [gdʑɛ 'jɛst najb'ʎiʃʃɨ pʃɨ'stanɛk awtɔbu'sɔvɨ?]

---

número	**numer** ['numɛr]
¿Qué autobús tengo que tomar para ...?	**Którym autobusem dojadę do ...?** ['kturɨm awtɔ'busɛm dɔ'jadɛ dɔ ...?]
¿Este autobús va a ...?	**Czy ten autobus jedzie do ...?** [ʧɨ 'tɛn aw'tɔbus 'jɛdʑɛ dɔ ...?]
¿Cada cuanto pasa el autobús?	**Jak często jeżdżą autobusy?** ['jak 'ʧɛ̃stɔ 'jɛʒdʒɔ̃ awtɔ'busɨ?]

---

cada 15 minutos	**co piętnaście minut** ['tsɔ pʲiɛ'ntnaɕʨɛ 'mʲinut]
cada media hora	**co pół godziny** ['tsɔ 'puw gɔ'dʑinɨ]
cada hora	**co godzinę** ['tsɔ gɔ'dʑinɛ]
varias veces al día	**kilka razy dziennie** ['kʲilka 'razɨ 'dʑɛɲɲɛ]
... veces al día	**... razy dziennie** [... 'razɨ 'dʑɛɲɲɛ]

---

el horario	**rozkład jazdy** ['rɔskwat 'jazdɨ]
¿Dónde puedo ver el horario?	**Gdzie znajdę rozkład jazdy?** [gdʑɛ 'znajdɛ 'rɔskwat 'jazdɨ?]
¿Cuándo pasa el siguiente autobús?	**O której jest następny autobus?** [ɔ 'kturɛj 'jɛst na'stɛmpnɨ aw'tɔbus?]
¿Cuándo pasa el primer autobús?	**O której jest pierwszy autobus?** [ɔ 'kturɛj 'jɛst 'pʲɛrfʃɨ aw'tɔbus?]
¿Cuándo pasa el último autobús?	**O której jest ostatni autobus?** [ɔ 'kturɛj 'jɛst ɔ'statɲi aw'tɔbus?]
la parada	**przystanek** [pʃɨ'stanɛk]

la siguiente parada	**następny przystanek** [na'stɛmpnɨ pʃɨ'stanɛk]
la última parada	**ostatni przystanek** [ɔ'statɲi pʃɨ'stanɛk]
Pare aquí, por favor.	**Proszę się tu zatrzymać.** ['prɔʃɛ ɕiɛ tu za'tʃɨmatɕ]
Perdone, esta es mi parada.	**Przepraszam, to mój przystanek.** [pʃɛ'praʃam, tɔ muj pʃɨ'stanɛk]

Tren

el tren	**pociąg** ['pɔtɕiɔŋk]
el tren de cercanías	**kolejka** [kɔ'lɛjka]
el tren de larga distancia	**pociąg dalekobieżny** ['pɔtɕiɔŋk dalɛkɔ'bʲɛʒnɨ]
la estación de tren	**dworzec kolejowy** ['dvɔʒɛts kɔlɛ'jɔvɨ]
Perdone, ¿dónde está la salida al anden?	**Przepraszam, gdzie jest wyjście z peronu?** [pʃɛ'praʃam, gdʑɛ 'jɛsd 'vɨjɕtɕɛ s pɛ'rɔnu?]
¿Este tren va a ...?	**Czy ten pociąg jedzie do ...?** [tʃɨ 'tɛn 'pɔtɕiɔŋk 'jɛdʑɛ dɔ ...?]
el siguiente tren	**następny pociąg** [na'stɛmpnɨ 'pɔtɕiɔŋk]
¿Cuándo pasa el siguiente tren?	**O której jest następny pociąg?** [ɔ 'kturɛj 'jɛst na'stɛmpnɨ 'pɔtɕiɔŋk?]
¿Dónde puedo ver el horario?	**Gdzie znajdę rozkład jazdy?** [gdʑɛ 'znajdɛ 'rɔskwat 'jazdɨ?]
¿De qué andén?	**Z którego peronu?** [s ktu'rɛgɔ pɛ'rɔnu?]
¿Cuándo llega el tren a ...?	**O której ten pociąg dojeżdża do ...?** [ɔ 'kturɛj 'tɛn 'pɔtɕiɔŋk dɔ'jɛʒdʒa dɔ ...?]
Ayudeme, por favor.	**Proszę mi pomóc.** ['prɔʃɛ mʲi 'pɔmuts]
Busco mi asiento.	**Szukam swojego miejsca.** ['ʃukam sfɔ'jɛgɔ 'mʲɛjstsa]
Buscamos nuestros asientos.	**Szukamy naszych miejsc.** [ʃu'kamɨ 'naʃɨx 'mʲɛjsts]
Mi asiento está ocupado.	**Moje miejsce jest zajęte.** ['mɔjɛ 'mʲɛjstsɛ 'jɛsd za'jɛntɛ]
Nuestros asientos están ocupados.	**Nasze miejsca są zajęte.** ['naʃɛ 'mʲɛjstsa 'sɔ̃ za'jɛntɛ]
Perdone, pero ese es mi asiento.	**Przykro mi ale to moje miejsce.** ['pʃɨkrɔ mʲi 'alɛ tɔ 'mɔjɛ 'mʲɛjstsɛ]
¿Está libre?	**Czy to miejsce jest zajęte?** [tʃɨ tɔ 'mʲɛjstsɛ 'jɛsd za'jɛntɛ?]
¿Puedo sentarme aquí?	**Czy mogę tu usiąść?** [tʃɨ 'mɔgɛ tu 'uɕiɔ̃ɕtɕ?]

En el tren. Diálogo (Sin billete)

Su billete, por favor.	**Bilety, proszę.** [bʲi'lɛtɨ, 'prɔʃɛ]
No tengo billete.	**Nie mam biletu.** [ɲɛ 'mam bʲi'lɛtu]
He perdido mi billete.	**Zgubiłem bilet.** [zgu'bʲiwɛm 'bʲilɛt]
He olvidado mi billete en casa.	**Zostawiłem bilet w domu.** [zɔsta'vʲiwɛm 'bʲilɛt v 'dɔmu]
Le puedo vender un billete.	**Może pan /pani/ kupić bilet ode mnie.** ['mɔʒɛ pan /'paɲi/ 'kupʲitɕ 'bʲilɛt 'ɔdɛ 'mɲɛ]
También deberá pagar una multa.	**Będzie pan musiał /pani musiała/ również zapłacić mandat.** ['bɛndʑɛ pan 'muɕaw /'paɲi mu'ɕawa/ 'ruvɲɛʒ za'pwatɕitɕ 'mandat]
Vale.	**Dobrze.** ['dɔbʒɛ]
¿A dónde va usted?	**Dokąd pan /pani/ jedzie?** ['dɔkɔnt pan /'paɲi/ 'jɛdʑɛ?]
Voy a ...	**Jadę do ...** ['jadɛ dɔ ...]
¿Cuánto es? No lo entiendo.	**Ile kosztuje? Nie rozumiem.** ['ilɛ kɔ'ʃtujɛ? ɲɛ rɔ'zumʲɛm]
Escríbalo, por favor.	**Czy może pan /pani/ to napisać?** [tʃɨ 'mɔʒɛ pan /'paɲi/ tɔ na'pʲisatɕ?]
Vale. ¿Puedo pagar con tarjeta?	**Dobrze. Czy mogę zapłacić kartą?** ['dɔbʒɛ. tʃɨ 'mɔgɛ za'pwatɕitɕ 'kartɔ̃?]
Sí, puede.	**Tak, można.** [tak, 'mɔʒna]
Aquí está su recibo.	**Oto pański /pani/ rachunek.** ['ɔtɔ 'paɲskʲi /'paɲi/ ra'xunɛk]
Disculpe por la multa.	**Przykro mi z powodu mandatu.** ['pʃɨkrɔ mʲi s pɔ'vɔdu ma'ndatu]
No pasa nada. Fue culpa mía.	**W porządku. To moja wina.** [f pɔ'ʒɔntku. tɔ 'mɔja 'vʲina]
Disfrute su viaje.	**Miłej podróży.** ['mʲiwɛj pɔ'druʒɨ]

Taxi

taxi	**taksówka** [ta'ksufka]
taxista	**taksówkarz** [ta'ksufkaʃ]
coger un taxi	**złapać taksówkę** ['zwapatɕ ta'ksufkɛ]
parada de taxis	**postój taksówek** ['pɔstuj ta'ksuvɛk]
¿Dónde puedo coger un taxi?	**Gdzie mogę wziąć taksówkę?** [gdʑɛ 'mɔgɛ vʑi'ɔ̃tɕ ta'ksufkɛ?]
llamar a un taxi	**zadzwonić po taksówkę** [za'dzvɔɲitɕ pɔ ta'ksufkɛ]
Necesito un taxi.	**Potrzebuję taksówkę.** [pɔtʃɛ'bujɛ ta'ksufkɛ]
Ahora mismo.	**Jak najszybciej.** ['jak na'jʃɨptɕɛj]
¿Cuál es su dirección?	**Skąd pana /panią/ odebrać?** ['skɔnt 'pana /'paɲiɔ̃/ ɔ'dɛbratɕ?]
Mi dirección es ...	**Mój adres to ...** [muj 'adrɛs tɔ ...]
¿Cuál es el destino?	**Dokąd pan /pani/ chce jechać?** ['dɔkɔnt pa'n /paɲi/ 'xtsɛ 'jɛxatɕ?]

Perdone, ...	**Przepraszam, ...** [pʃɛ'praʃam, ...]
¿Está libre?	**Czy jest pan wolny?** [tʃɨ 'jɛst pan 'vɔlnɨ?]
¿Cuánto cuesta ir a ...?	**Ile kosztuje przejazd do ...?** ['ilɛ kɔ'ʃtujɛ 'pʃɛjazd dɔ ...?]
¿Sabe usted dónde está?	**Wie pan /pani/ gdzie to jest?** ['vʲɛ pan /'paɲi/ gdʑɛ tɔ 'jɛst?]

Al aeropuerto, por favor.	**Na lotnisko, proszę.** [na lɔt'ɲiskɔ, 'prɔʃɛ]
Pare aquí, por favor.	**Proszę się tu zatrzymać.** ['prɔʃɛ ɕiɛ tu za'tʃɨmatɕ]
No es aquí.	**To nie tutaj.** [tɔ ɲɛ 'tutaj]
La dirección no es correcta.	**To zły adres.** [tɔ 'zwɨ 'adrɛs]
Gire a la izquierda.	**Proszę skręcić w lewo.** ['prɔʃɛ 'skrɛntɕitɕ v 'lɛvɔ]
Gire a la derecha.	**Proszę skręcić w prawo.** ['prɔʃɛ 'skrɛntɕitɕ f 'pravɔ]

¿Cuánto le debo?	**Ile płacę?** ['ilɛ 'pwatsɛ?]
¿Me da un recibo, por favor?	**Poproszę rachunek.** [pɔ'prɔʃɛ ra'xunɛk]
Quédese con el cambio.	**Proszę zachować resztę.** ['prɔʃɛ za'xɔvatɕ 'rɛʃtɛ]

Espéreme, por favor.	**Czy może pan /pani/ na mnie poczekać?** [ʧɨ 'mɔʒɛ pan /'paɲi/ na mɲɛ pɔ'ʧɛkatɕ?]
cinco minutos	**pięć minut** ['pʲiɛntɕ 'mʲinut]
diez minutos	**dziesięć minut** ['dʑɛɕiɛntɕ 'mʲinut]
quince minutos	**piętnaście minut** [pʲiɛ'ntnaɕtɕɛ 'mʲinut]
veinte minutos	**dwadzieścia minut** [dva'dʑɛɕtɕa 'mʲinut]
media hora	**pół godziny** ['puw gɔ'dʑinɨ]

Hotel

Hola. — **Witam.**
['vʲitam]

Me llamo ... — **Mam na imię ...**
[mam na 'imʲiɛ ...]

Tengo una reserva. — **Mam rezerwację.**
[mam rɛzɛ'rvatsjɛ]

Necesito ... — **Potrzebuję ...**
[pɔtʃɛ'bujɛ ...]

una habitación individual — **pojedynczy pokój**
[pɔjɛ'dɨɲtʃɨ 'pɔkuj]

una habitación doble — **podwójny pokój**
[pɔ'dvujnɨ 'pɔkuj]

¿Cuánto cuesta? — **Ile to kosztuje?**
['ilɛ tɔ kɔ'ʃtujɛ?]

Es un poco caro. — **To trochę za drogo.**
[tɔ 'trɔxɛ za 'drɔgɔ]

¿Tiene alguna más? — **Czy są inne pokoje?**
[tʃɨ 'sɔ̃ 'innɛ pɔ'kɔjɛ?]

Me quedo. — **Wezmę ten.**
['vɛzmɛ 'tɛn]

Pagaré en efectivo. — **Zapłacę gotówką.**
[za'pwatsɛ gɔ'tufkɔ̃]

Tengo un problema. — **Mam problem.**
[mam 'prɔblɛm]

Mi ... no funciona. — **... jest zepsuty /zepsuta/.**
[... 'jɛsd zɛ'psutɨ /zɛ'psuta/.]

Mi ... está fuera de servicio. — **... jest nieczynny /nieczynna/.**
[... 'jɛst ɲɛ'tʃɨnnɨ /ɲɛ'tʃɨnna/.]

televisión — **Mój telewizor ...**
[muj tɛlɛ'vʲizɔr ...]

aire acondicionado — **Moja klimatyzacja ...**
['mɔja kʎimatɨ'zatsja ...]

grifo — **Mój kran ...**
[muj 'kran ...]

ducha — **Mój prysznic ...**
[muj 'prɨʃɲits ...]

lavabo — **Mój zlew ...**
[muj 'zlɛf ...]

caja fuerte — **Mój sejf ...**
[muj 'sɛjf ...]

cerradura — **Mój zamek ...**
[muj 'zamɛk ...]

enchufe	**Moje gniazdko elektryczne ...** ['mɔjɛ 'gɲaztkɔ ɛlɛ'ktritʃnɛ ...]
secador de pelo	**Moja suszarka ...** ['mɔja su'ʃarka ...]

No tengo ...	**Nie mam ...** [ɲɛ 'mam ...]
agua	**wody** ['vɔdɨ]
luz	**światła** ['ɕvʲatwa]
electricidad	**prądu** ['prɔndu]

¿Me puede dar ...?	**Czy może mi pan /pani/ przynieść ...?** [tʃɨ 'mɔʒɛ mʲi pan /'paɲi/ 'pʃɨɲɛɕtɕ ...?]
una toalla	**ręcznik** ['rɛntʃɲik]
una sábana	**koc** ['kɔts]
unas chanclas	**kapcie** ['kaptɕɛ]
un albornoz	**szlafrok** ['ʃlafrɔk]
un champú	**szampon** ['ʃampɔn]
jabón	**mydło** ['mɨdwɔ]

Quisiera cambiar de habitación.	**Chciałbym /chciałabym/ zmienić pokój.** ['xtɕawbɨm /xtɕa'wabɨm/ 'zmʲɛɲitɕ 'pɔkuj]
No puedo encontrar mi llave.	**Nie mogę znaleźć mojego klucza.** [ɲɛ 'mɔgɛ 'znalɛɕtɕ mɔ'jɛgɔ 'klutʃa]
Por favor abra mi habitación.	**Czy może pani otworzyć mój pokój?** [tʃɨ 'mɔʒɛ 'paɲi ɔ'tfɔʒɨtɕ muj 'pɔkuj?]
¿Quién es?	**Kto tam?** [ktɔ tam?]
¡Entre!	**Proszę wejść!** ['prɔʃɛ 'vɛjɕtɕ!]
¡Un momento!	**Chwileczkę!** [xvʲi'lɛtʃkɛ!]
Ahora no, por favor.	**Nie teraz, proszę.** [ɲɛ 'tɛras, 'prɔʃɛ]

Venga a mi habitación, por favor.	**Proszę wejść do mojego pokoju.** ['prɔʃɛ 'vɛjɕtɕ dɔ mɔ'jɛgɔ pɔ'kɔju]
Quisiera hacer un pedido.	**Chciałbym /chciałabym/ zamówić posiłek do pokoju.** ['xtɕawbɨm /xtɕa'wabɨm/ za'muvʲitɕ pɔ'ɕiwɛg dɔ pɔ'kɔju]

Mi número de habitación es ...	**Mój numer pokoju to ...** [muj 'numɛr pɔ'kɔju tɔ ...]
Me voy ...	**Wyjeżdżam ...** [vɨ'jɛʒdʒam ...]
Nos vamos ...	**Wyjeżdżamy ...** [vɨjɛ'ʒdʒamɨ ...]
Ahora mismo	**jak najszybciej** ['jak na'jʃɨptɕɛj]
esta tarde	**po południu** [pɔ pɔ'wudɲu]
esta noche	**dziś wieczorem** ['dʑiɕ vʲɛ'ʧɔrɛm]
mañana	**jutro** ['jutrɔ]
mañana por la mañana	**jutro rano** ['jutrɔ 'ranɔ]
mañana por la noche	**jutro wieczorem** ['jutrɔ vʲɛ'ʧɔrɛm]
pasado mañana	**pojutrze** [pɔ'juʧɛ]

Quisiera pagar la cuenta.	**Chciałbym zapłacić.** ['xtɕawbɨm za'pwatɕitɕ]
Todo ha estado estupendo.	**Wszystko było wspaniałe.** [fʃɨstkɔ 'bɨwɔ fspa'ɲawɛ]
¿Dónde puedo coger un taxi?	**Gdzie mogę wziąć taksówkę?** [gdʑɛ 'mɔgɛ vʑi'ɔ̃tɕ ta'ksufkɛ?]
¿Puede llamarme un taxi, por favor?	**Czy może pan /pani/ wezwać dla mnie taksówkę?** [ʧɨ 'mɔʒɛ pan /'paɲi/ 'vɛzvatɕ 'dla 'mɲɛ ta'ksufkɛ?]

Restaurante

¿Puedo ver el menú, por favor?	**Czy mogę prosić menu?** [ʧɨ 'mɔgɛ 'prɔɕitɕ 'mɛnu?]
Mesa para uno.	**Stolik dla jednej osoby.** ['stɔʎig 'dla 'jɛdnɛj ɔ'sɔbɨ]
Somos dos (tres, cuatro).	**Jest nas dwoje (troje, czworo).** ['jɛst 'naz 'dvɔjɛ ('trɔjɛ, 'ʧvɔrɔ)]
Para fumadores	**Dla palących.** ['dla pa'lɔntsɨx]
Para no fumadores	**Dla niepalących.** ['dla ɲɛpa'lɔntsɨx]
¡Por favor! (llamar al camarero)	**Przepraszam!** [pʃɛ'praʃam!]
la carta	**menu** ['mɛnu]
la carta de vinos	**lista win** ['ʎista 'vʲin]
La carta, por favor.	**Poproszę menu.** [pɔ'prɔʃɛ 'mɛnu]
¿Está listo para pedir?	**Czy są Państwo gotowi?** [ʧɨ 'sɔ̃ 'paɲstfɔ gɔ'tɔvʲi?]
¿Qué quieren pedir?	**Co Państwo zamawiają?** ['tsɔ 'paɲstfɔ zama'vʲajɔ̃?]
Yo quiero ...	**Zamawiam ...** [za'mavʲam ...]
Soy vegetariano.	**Jestem wegetarianinem /wegetarianką/.** ['jɛstɛm vɛgɛtaria'ɲinɛm /vɛgɛta'riankɔ̃/]
carne	**mięso** ['mʲiɛ̃sɔ]
pescado	**ryba** ['rɨba]
verduras	**warzywa** [va'ʒɨva]
¿Tiene platos para vegetarianos?	**Czy są dania wegetariańskie?** [ʧɨ 'sɔ̃ 'daɲa vɛgɛta'riaɲskʲɛ?]
No como cerdo.	**Nie jadam wieprzowiny.** [ɲɛ 'jadam vʲɛpʃɔ'vʲinɨ]
Él /Ella/ no come carne.	**On /Ona/ nie je mięsa.** [ɔn /'ɔna/ ɲɛ 'jɛ 'mʲiɛ̃sa]

Soy alérgico a ...	**Jestem uczulony /uczulona/ na ...** ['jɛstɛm utʃu'lɔnɨ /utʃu'lɔna/ na ...]
¿Me puede traer ..., por favor?	**Czy może pan /pani/ przynieść mi ...** [tʃɨ 'mɔʒɛ pan /'paɲi/ 'pʃɨɲɛɕtɕ mʲi ...]
sal | pimienta | azúcar	**sól | pieprz | cukier** ['suʎ | 'pʲɛpʃ | 'tsukʲɛr]
café | té | postre	**kawa | herbata | deser** ['kava | xɛ'rbata | 'dɛsɛr]
agua | con gas | sin gas	**woda | gazowana | bez gazu** ['vɔda | gazɔ'vana | 'bɛz 'gazu]
una cuchara | un tenedor | un cuchillo	**łyżka | widelec | nóż** ['wɨʃka | vʲi'dɛlɛts | 'nuʒ]
un plato | una servilleta	**talerz | serwetka** ['talɛʃ | sɛr'vɛtka]

¡Buen provecho!	**Smacznego!** [sma'tʃnɛgɔ!]
Uno más, por favor.	**Jeszcze raz poproszę.** ['jɛʃtʃɛ 'ras pɔ'prɔʃɛ]
Estaba delicioso.	**To było pyszne.** [tɔ 'bɨwɔ 'pɨʃnɛ]

la cuenta | el cambio | la propina	**rachunek | drobne | napiwek** [ra'xunɛk | 'drɔbnɛ | na'pʲivɛk]
La cuenta, por favor.	**Rachunek proszę.** [ra'xunɛk 'prɔʃɛ]
¿Puedo pagar con tarjeta?	**Czy mogę zapłacić kartą?** [tʃɨ 'mɔgɛ za'pwatɕitɕ 'kartɔ̃?]
Perdone, aquí hay un error.	**Przykro mi, tu jest błąd.** ['pʃɨkrɔ mʲi, tu 'jɛsd 'bwɔnt]

De Compras

¿Puedo ayudarle?	**W czym mogę pomóc?** [f 'ʧɨm 'mɔgɛ 'pɔmuts?]
¿Tiene ...?	**Czy jest ...?** [ʧɨ 'jɛst ...?]
Busco ...	**Szukam ...** ['ʃukam ...]
Necesito ...	**Potrzebuję ...** [pɔʧɛ'bujɛ ...]
Sólo estoy mirando.	**Tylko się rozglądam.** ['tɨlkɔ ɕiɛ rɔ'zglɔndam]
Sólo estamos mirando.	**Tylko się rozglądamy.** ['tɨlkɔ ɕiɛ rɔzglɔn'damɨ]
Volveré más tarde.	**Wrócę później.** ['vrutsɛ 'puʑɲɛj]
Volveremos más tarde.	**Wrócimy później.** [vru'tɕimɨ 'puʑɲɛj]
descuentos | oferta	**zniżka | wyprzedaż** ['zɲiʃka | vɨ'pʃɛdaʒ]
Por favor, enséñeme ...	**Czy może mi pan /pani/ pokazać ...** [ʧɨ 'mɔʒɛ mʲi pan /'paɲi/ pɔ'kazatɕ ...]
¿Me puede dar ..., por favor?	**Czy może mi pan /pani/ dać ...** [ʧɨ 'mɔʒɛ mʲi pan /'paɲi/ datɕ ...]
¿Puedo probarmelo?	**Czy mogę przymierzyć?** [ʧɨ 'mɔgɛ pʃɨ'mʲɛʒɨtɕ?]
Perdone, ¿dónde están los probadores?	**Przepraszam, gdzie jest przymierzalnia?** [pʃɛ'praʃam, gdʑɛ 'jɛst pʃɨmʲɛ'ʒalɲa?]
¿Qué color le gustaría?	**Jaki kolor pan /pani/ sobie życzy?** ['jakʲi 'kɔlɔr pan /'paɲi/ 'sɔbʲɛ 'ʒɨʧɨ?]
la talla | el largo	**rozmiar | długość** ['rɔzmʲar | 'dwugɔɕtɕ]
¿Cómo le queda? (¿Está bien?)	**Jak to leży?** ['jak tɔ 'lɛʒɨ?]
¿Cuánto cuesta esto?	**Ile to kosztuje?** ['ilɛ tɔ kɔ'ʃtujɛ?]
Es muy caro.	**To za drogo.** [tɔ za 'drɔgɔ]
Me lo llevo.	**Wezmę to.** ['vɛzmɛ 'tɔ]

Perdone, ¿dónde está la caja?
Przepraszam, gdzie mogę zapłacić?
[pʃɛ'praʃam, gdʑɛ 'mɔgɛ za'pwatɕitɕ?]

¿Pagará en efectivo o con tarjeta?
Czy płaci pan /pani/ gotówką czy kartą?
[ʧɨ 'pwatɕi pan /'paɲi/ gɔ'tufkɔ̃ ʧɨ 'kartɔ̃?]

en efectivo | con tarjeta
Gotówką | kartą kredytową
[gɔ'tufkɔ̃ | 'kartɔ̃ krɛdɨ'tɔvɔ̃]

¿Quiere el recibo?
Czy chce pan /pani/ rachunek?
[ʧɨ xtsɛ pan /'paɲi/ ra'xunɛk?]

Sí, por favor.
Tak, proszę.
[tak, 'prɔʃɛ]

No, gracias.
Nie, dziękuję.
[ɲɛ, dʑiɛ'ŋkujɛ]

Gracias. ¡Que tenga un buen día!
Dziękuję. Miłego dnia!
[dʑiɛŋ'kujɛ. mʲi'wɛgɔ dɲa!]

En la ciudad

Perdone, por favor.	**Przepraszam.** [pʃɛ'praʃam]
Busco ...	**Szukam ...** ['ʃukam ...]
el metro	**metra** ['mɛtra]
mi hotel	**mojego hotelu** [mɔ'jɛgɔ xɔ'tɛlu]
el cine	**kina** ['kʲina]
una parada de taxis	**postoju taksówek** [pɔ'stɔju ta'ksuvɛk]
un cajero automático	**bankomatu** [bankɔ'matu]
una oficina de cambio	**kantoru wymiany walut** [ka'ntɔru vɨ'mʲanɨ va'lut]
un cibercafé	**kafejki internetowej** [ka'fɛjkʲi intɛrnɛ'tɔvɛj]
la calle ...	**ulicy ...** [u'ʎitsɨ ...]
este lugar	**tego miejsca** ['tɛgɔ 'mʲɛjstsa]
¿Sabe usted dónde está ...?	**Czy wie pan /pani/ gdzie jest ...?** [ʧɨ 'vʲɛ pan /'paɲi/ gdʑɛ 'jɛst ...?]
¿Cómo se llama esta calle?	**Na jakiej to ulicy?** [na 'jakʲɛj tɔ u'ʎitsɨ?]
Muestreme dónde estamos ahora.	**Proszę mi pokazać gdzie teraz jesteśmy.** ['prɔʃɛ mʲi pɔ'kazatɕ gdʑɛ 'tɛras jɛ'stɛɕmɨ]
¿Puedo llegar a pie?	**Czy mogę tam dojść pieszo?** [ʧɨ 'mɔgɛ tam 'dɔjɕtɕ 'pʲɛʃɔ?]
¿Tiene un mapa de la ciudad?	**Czy ma pan /pani/ mapę miasta?** [ʧɨ ma pan /'paɲi/ 'mapɛ 'mʲasta?]
¿Cuánto cuesta la entrada?	**Ile kosztuje wejście?** ['ilɛ kɔ'ʃtujɛ 'vɛjɕtɕɛ?]
¿Se pueden hacer fotos aquí?	**Czy można tu robić zdjęcia?** [ʧɨ 'mɔʒna tu 'rɔbʲitɕ 'zdjɛntɕa?]
¿Está abierto?	**Czy jest otwarte?** [ʧɨ 'jɛst ɔ'tfartɛ?]

¿A qué hora abren?

Od której jest czynne?
[ɔt 'kturɛj 'jɛst 'ʧɨnnɛ?]

¿A qué hora cierran?

Do której jest czynne?
[dɔ 'kturɛj 'jɛst 'ʧɨnnɛ?]

Dinero

dinero	**pieniądze** [pʲɛ'ɲiɔndzɛ]
efectivo	**gotówka** [gɔ'tufka]
billetes	**pieniądze papierowe** [pʲɛ'ɲiɔndzɛ papʲɛ'rɔvɛ]
monedas	**drobne** ['drɔbnɛ]
la cuenta | el cambio | la propina	**rachunek | drobne | napiwek** [ra'xunɛk | 'drɔbnɛ | na'pʲivɛk]
la tarjeta de crédito	**karta kredytowa** ['karta krɛdɨ'tɔva]
la cartera	**portfel** ['pɔrtfɛl]
comprar	**kupować** [ku'pɔvatɕ]
pagar	**płacić** ['pwatɕitɕ]
la multa	**grzywna** ['gʒɨvna]
gratis	**darmowy** [da'rmɔvɨ]
¿Dónde puedo comprar ...?	**Gdzie mogę kupić ...?** [gdʑɛ 'mɔgɛ 'kupʲitɕ ...?]
¿Está el banco abierto ahora?	**Czy bank jest teraz otwarty?** [ʧɨ 'bank 'jɛst 'tɛraz ɔ'tfartɨ?]
¿A qué hora abre?	**Od której jest czynny?** [ɔt 'kturɛj 'jɛst 'ʧɨnnɨ?]
¿A qué hora cierra?	**Do której jest czynny?** [dɔ 'kturɛj 'jɛst 'ʧɨnnɨ?]
¿Cuánto cuesta?	**Ile kosztuje?** ['ilɛ kɔ'ʃtujɛ?]
¿Cuánto cuesta esto?	**Ile to kosztuje?** ['ilɛ tɔ kɔ'ʃtujɛ?]
Es muy caro.	**To za drogo.** [tɔ za 'drɔgɔ]
Perdone, ¿dónde está la caja?	**Przepraszam, gdzie mogę zapłacić?** [pʃɛ'praʃam, gdʑɛ 'mɔgɛ za'pwatɕitɕ?]
La cuenta, por favor.	**Rachunek proszę.** [ra'xunɛk 'prɔʃɛ]

¿Puedo pagar con tarjeta?	**Czy mogę zapłacić kartą?** [ʧɨ 'mɔgɛ za'pwatɕitɕ 'kartɔ̃?]
¿Hay un cajero por aquí?	**Czy jest tu gdzieś bankomat?** [ʧɨ 'jɛst tu gdʑɛɕ bankɔ'mat?]
Busco un cajero automático.	**Szukam bankomatu.** ['ʃukam bankɔ'matu]

Busco una oficina de cambio.	**Szukam kantoru wymiany walut.** ['ʃukam ka'ntɔru vɨ'mʲanɨ 'valut]
Quisiera cambiar ...	**Chciałbym /Chciałabym/ wymienić ...** ['xtɕawbɨm /xtɕa'wabɨm/ vɨ'mʲɛɲitɕ ...]
¿Cuál es el tipo de cambio?	**Jaki jest kurs?** ['jakʲi 'jɛst 'kurs?]
¿Necesita mi pasaporte?	**Czy potrzebuje pan /pani/ mój paszport?** [ʧɨ pɔʧɛ'bujɛ pan /'paɲi/ muj 'paʃpɔrt?]

Tiempo

¿Qué hora es?	**Która godzina?** ['ktura gɔ'dʑina?]
¿Cuándo?	**Kiedy?** ['kʲɛdɨ?]
¿A qué hora?	**O której godzinie?** [ɔ 'kturɛj gɔ'dʑiɲɛ?]
ahora | luego | después de ...	**teraz | później | po ...** ['tɛraz | 'puʑɲɛj | pɔ ...]
la una	**godzina pierwsza** [gɔ'dʑina 'pʲɛrfʃa]
la una y cuarto	**pierwsza piętnaście** ['pʲɛrfʃa pʲiɛ'ntnaɕtɕɛ]
la una y medio	**pierwsza trzydzieści** ['pʲɛrfʃa tʃɨ'dʑɛɕtɕi]
las dos menos cuarto	**za piętnaście druga** [za pʲiɛ'ntnaɕtɕɛ 'druga]
una | dos | tres	**pierwsza | druga | trzecia** ['pʲɛrfʃa | 'druga | 'tʃɛtɕa]
cuatro | cinco | seis	**czwarta | piąta | szósta** ['tʃfarta | 'pʲiɔnta | 'ʃusta]
siete | ocho | nueve	**siódma | ósma | dziewiąta** ['ɕudma | 'usma | dʑɛ'vʲiɔnta]
diez | once | doce	**dziesiąta | jedenasta | dwunasta** [dʑɛ'ɕiɔnta | jɛdɛ'nasta | dvu'nasta]
en ...	**za ...** [za ...]
cinco minutos	**pięć minut** ['pʲiɛntɕ 'mʲinut]
diez minutos	**dziesięć minut** ['dʑɛɕiɛntɕ 'mʲinut]
quince minutos	**piętnaście minut** [pʲiɛ'ntnaɕtɕɛ 'mʲinut]
veinte minutos	**dwadzieścia minut** [dva'dʑɛɕtɕa 'mʲinut]
media hora	**pół godziny** ['puw gɔ'dʑinɨ]
una hora	**godzinę** [gɔ'dʑinɛ]
por la mañana	**rano** ['ranɔ]

por la mañana temprano	**wcześnie rano** ['ftʃɛɕɲɛ 'ranɔ]
esta mañana	**tego ranka** ['tɛgɔ 'ranka]
mañana por la mañana	**jutro rano** ['jutrɔ 'ranɔ]
al mediodía	**w południe** [f pɔ'wudɲɛ]
por la tarde	**po południu** [pɔ pɔ'wudɲu]
por la noche	**wieczorem** [vʲɛ'ʧɔrɛm]
esta noche	**dziś wieczorem** ['dʑiɕ vʲɛ'ʧɔrɛm]
por la noche	**w nocy** [f 'nɔtsɨ]
ayer	**wczoraj** ['ftʃɔraj]
hoy	**dzisiaj** ['dʑiɕaj]
mañana	**jutro** ['jutrɔ]
pasado mañana	**pojutrze** [pɔ'jutʃɛ]
¿Qué día es hoy?	**Jaki jest dzisiaj dzień?** ['jakʲi 'jɛst 'dʑiɕaj 'dʑɛɲ?]
Es ...	**Jest ...** ['jɛst ...]
lunes	**poniedziałek** [pɔɲɛ'dʑawɛk]
martes	**wtorek** ['ftɔrɛk]
miércoles	**środa** ['ɕrɔda]
jueves	**czwartek** ['ʧvartɛk]
viernes	**piątek** ['pʲiɔntɛk]
sábado	**sobota** [sɔ'bɔta]
domingo	**niedziela** [ɲɛ'dʑɛla]

Saludos. Presentaciones.

Hola.	**Witam.** ['vʲitam]
Encantado /Encantada/ de conocerle.	**Miło mi pana /panią/ poznać.** ['mʲiwɔ mʲi 'pana /'paɲiɔ̃/ 'pɔznatɕ]
Yo también.	**Mi również.** [mʲi 'ruvɲɛʒ]
Le presento a ...	**Chciałbym żeby pan poznał /pani poznała/ ...** ['xtɕawbɨm 'ʒɛbɨ pan 'pɔznaw /'paɲi pɔ'znawa/ ...]
Encantado.	**Miło pana /panią/ poznać.** ['mʲiwɔ 'pana /'paɲiɔ̃/ 'pɔznatɕ]

¿Cómo está?	**Jak się pan /pani/ miewa?** ['jak ɕiɛ pan /'paɲi/ 'mʲɛva?]
Me llamo ...	**Mam na imię ...** [mam na 'imʲiɛ ...]
Se llama ...	**On ma na imię ...** ['ɔn ma na 'imʲiɛ ...]
Se llama ...	**Ona ma na imię ...** ['ɔna ma na 'imʲiɛ ...]
¿Cómo se llama (usted)?	**Jak pan /pani/ ma na imię?** ['jak pan /'paɲi/ ma na 'imʲiɛ?]
¿Cómo se llama (él)?	**Jak on ma na imię?** ['jak 'ɔn ma na 'imʲiɛ?]
¿Cómo se llama (ella)?	**Jak ona ma na imię?** ['jak 'ɔna ma na 'imʲiɛ?]

¿Cuál es su apellido?	**Jak pan /pani/ się nazywa?** ['jak pan /'paɲi/ ɕiɛ na'zɨva?]
Puede llamarme ...	**Może się pan /pani/ do mnie zwracać ...** ['mɔʒɛ ɕiɛ pa'n /paɲi/ dɔ 'mɲɛ 'zvratsatɕ ...]
¿De dónde es usted?	**Skąd pan /pani/ jest?** ['skɔnt pan /'paɲi/ 'jɛst?]
Yo soy de	**Pochodzę z ...** [pɔ'xɔdzɛ s ...]
¿A qué se dedica?	**Czym się pan /pani/ zajmuje?** ['tʃɨm ɕiɛ pan /'paɲi/ zaj'mujɛ?]
¿Quién es?	**Kto to jest?** [ktɔ tɔ 'jɛst?]
¿Quién es él?	**Kim on jest?** ['kʲim 'ɔn 'jɛst?]

¿Quién es ella?	**Kim ona jest?** ['kʲim 'ɔna 'jɛst?]
¿Quiénes son?	**Kim oni są?** ['kʲim 'ɔɲi sɔ̃?]

Este es ...	**To jest ...** [tɔ 'jɛst ...]
mi amigo	**mój przyjaciel** [muj pʃɨ'jatɕɛl]
mi amiga	**moja przyjaciółka** ['mɔja pʃɨja'tɕuwka]
mi marido	**mój mąż** [muj 'mɔ̃ʒ]
mi mujer	**moja żona** ['mɔja 'ʒɔna]

mi padre	**mój ojciec** [muj 'ɔjtɕɛts]
mi madre	**moja matka** ['mɔja 'matka]
mi hermano	**mój brat** [muj 'brat]
mi hermana	**moja siostra** ['mɔja 'ɕɔstra]
mi hijo	**mój syn** [muj 'sɨn]
mi hija	**moja córka** ['mɔja 'tsurka]

Este es nuestro hijo.	**To jest nasz syn.** [tɔ 'jɛst 'naʃ 'sɨn]
Esta es nuestra hija.	**To jest nasza córka.** [tɔ 'jɛst 'naʃa 'tsurka]
Estos son mis hijos.	**To moje dzieci.** [tɔ 'mɔjɛ 'dʑɛtɕi]
Estos son nuestros hijos.	**To nasze dzieci.** [tɔ 'naʃɛ 'dʑɛtɕi]

Despedidas

¡Adiós!	**Do widzenia!** [dɔ vʲi'dzɛɲa!]
¡Chau!	**Cześć!** ['ʧɛɕʨ!]
Hasta mañana.	**Do zobaczenia jutro.** [dɔ zɔba'ʧɛɲa 'jutrɔ]
Hasta pronto.	**Na razie.** [na 'raʑɛ]
Te veo a las siete.	**Do zobaczenia o siódmej.** [dɔ zɔba'ʧɛɲa ɔ 'ɕudmɛj]
¡Que se diviertan!	**Bawcie się dobrze!** ['bafʨɛ ɕiɛ 'dɔbʒɛ!]
Hablamos más tarde.	**Do usłyszenia.** [dɔ uswɨ'ʃɛɲa]
Que tengas un buen fin de semana.	**Miłego weekendu.** [mʲi'wɛgɔ vɛɛ'kɛndu]
Buenas noches.	**Dobranoc.** [dɔ'branɔts]
Es hora de irme.	**Czas na mnie.** [ʧas na 'mɲɛ]
Tengo que irme.	**Muszę iść.** ['muʃɛ 'iɕʨ]
Ahora vuelvo.	**Wracam za chwilę.** ['vratsam za 'xvʲilɛ]
Es tarde.	**Późno już.** ['puʑnɔ 'juʒ]
Tengo que levantarme temprano.	**Muszę wstać wcześnie.** ['muʃɛ 'fstaʨ 'fʧɛɕɲɛ]
Me voy mañana.	**Wyjeżdżam jutro.** [vɨ'jɛʒdʒam 'jutrɔ]
Nos vamos mañana.	**Wyjeżdżamy jutro.** [vɨjɛʒ'dʒamɨ 'jutrɔ]
¡Que tenga un buen viaje!	**Miłej podróży!** ['mʲiwɛj pɔ'druʒɨ!]
Ha sido un placer.	**Miło było pana /panią/ poznać.** ['mʲiwɔ 'bɨwɔ 'pana /'paɲiɔ̃/ 'pɔznaʨ]
Fue un placer hablar con usted.	**Miło się rozmawiało.** ['mʲiwɔ ɕiɛ rɔzma'vʲawɔ]
Gracias por todo.	**Dziękuję za wszystko.** [dʑiɛŋ'kujɛ za 'fʃɨstkɔ]

Lo he pasado muy bien.	**Dobrze się bawiłem /bawiłam/.** ['dɔbʒɛ ɕiɛ ba'vʲiwɛm /ba'vʲiwam/]
Lo pasamos muy bien.	**Dobrze się bawiliśmy.** ['dɔbʒɛ ɕiɛ bavʲi'ʎiɕmɨ]
Fue genial.	**Było naprawdę świetne.** ['bɨwɔ na'pravdɛ 'ɕvʲɛtnɛ]
Le voy a echar de menos.	**Będę tęsknić.** ['bɛndɛ 'tɛ̃skɲitɕ]
Le vamos a echar de menos.	**Będziemy tęsknić.** [bɛ'ndʑɛmɨ 'tɛ̃skɲitɕ]

¡Suerte!	**Powodzenia!** [pɔvɔ'dzɛɲa!]
Saludos a …	**Pozdrów …** ['pɔzdruf …]

Idioma extranjero

No entiendo.	**Nie rozumiem.** [ɲɛ rɔ'zumʲɛm]
Escríbalo, por favor.	**Czy może pan /pani/ to napisać?** [ʧɨ 'mɔʒɛ pan /'paɲi/ tɔ na'pʲisatɕ?]
¿Habla usted ...?	**Czy mówi pan /pani/ po ...?** [ʧɨ 'muvʲi pan /'paɲi/ pɔ ...?]
Hablo un poco de ...	**Mówię troszkę po ...** ['muvʲiɛ 'trɔʃkɛ pɔ ...]
inglés	**angielsku** [a'ngʲɛlsku]
turco	**turecku** [tu'rɛtsku]
árabe	**arabsku** [a'rapsku]
francés	**francusku** [fran'tsusku]
alemán	**niemiecku** [ɲɛ'mʲɛtsku]
italiano	**włosku** ['vwɔsku]
español	**hiszpańsku** [xi'ʃpaɲsku]
portugués	**portugalsku** [pɔrtu'galsku]
chino	**chińsku** ['xiɲsku]
japonés	**japońsku** [ja'pɔɲsku]
¿Puede repetirlo, por favor?	**Czy może pan /pani/ powtórzyć?** [ʧɨ 'mɔʒɛ pan /'paɲi/ pɔ'ftuʒɨtɕ?]
Lo entiendo.	**Rozumiem.** [rɔ'zumʲɛm]
No entiendo.	**Nie rozumiem.** [ɲɛ rɔ'zumʲɛm]
Hable más despacio, por favor.	**Proszę mówić wolniej.** ['prɔʃɛ 'muvʲitɕ 'vɔlɲɛj]
¿Está bien?	**Czy jest poprawne?** [ʧɨ 'jɛst pɔ'pravnɛ?]
¿Qué es esto? (¿Que significa esto?)	**Co to znaczy?** ['tsɔ tɔ 'znaʧɨ?]

Disculpas

Perdone, por favor.	**Przepraszam.** [pʃɛ'praʃam]
Lo siento.	**Przepraszam.** [pʃɛ'praʃam]
Lo siento mucho.	**Bardzo przepraszam.** ['bardzɔ pʃɛ'praʃam]
Perdón, fue culpa mía.	**Przepraszam, to moja wina.** [pʃɛ'praʃam, tɔ 'mɔja 'vʲina]
Culpa mía.	**Mój błąd.** [muj 'bwɔnt]
¿Puedo ...?	**Czy mogę ...?** [tʃɨ 'mɔgɛ ...?]
¿Le molesta si ...?	**Czy ma pan /pani/ coś przeciwko gdybym ...?** [tʃɨ ma pan /'paɲi/ 'tsɔɕ pʃɛ'tɕifkɔ 'gdɨbɨm ...?]
¡No hay problema! (No pasa nada.)	**Nic się nie stało.** ['ɲits ɕiɛ ɲɛ 'stawɔ]
Todo está bien.	**Wszystko w porządku.** ['fʃɨstkɔ f pɔ'ʒɔntku]
No se preocupe.	**Nic nie szkodzi.** ['ɲits ɲɛ 'ʃkɔdʑi]

Acuerdos

Sí.	**Tak.** [tak]
Sí, claro.	**Tak, oczywiście.** [tak, ɔʧɨ'vʲiɕtɕɛ]
Bien.	**Dobrze!** ['dɔbʒɛ!]
Muy bien.	**Bardzo dobrze.** ['bardzɔ 'dɔbʒɛ]
¡Claro que sí!	**Oczywiście!** [ɔʧɨ'vʲiɕtɕɛ!]
Estoy de acuerdo.	**Zgadzam się.** ['zgadzam ɕiɛ]

Es verdad.	**Dokładnie tak.** [dɔ'kwadɲɛ 'tak]
Es correcto.	**Zgadza się.** ['zgadza ɕiɛ]
Tiene razón.	**Ma pan /pani/ rację.** [ma pan /'paɲi/ 'ratsjɛ]
No me molesta.	**Nie mam nic przeciwko.** [ɲɛ 'mam 'ɲits pʃɛ'tɕifkɔ]
Es completamente cierto.	**Bardzo poprawnie.** ['bardzɔ pɔ'pravɲɛ]

Es posible.	**To możliwe.** [tɔ mɔ'ʒʎivɛ]
Es una buena idea.	**To dobry pomysł.** [tɔ 'dɔbrɨ 'pɔmɨs]
No puedo decir que no.	**Nie mogę odmówić.** [ɲɛ 'mɔgɛ ɔ'dmuvʲitɕ]
Estaré encantado /encantada/.	**Z radością.** [z ra'dɔɕtɕiɔ̃]
Será un placer.	**Z przyjemnością.** [s pʃɨjɛ'mnɔɕtɕiɔ̃]

Rechazo. Expresar duda

No.	**Nie.** [ɲɛ]
Claro que no.	**Z pewnością nie.** [s pɛ'vnɔɕtɕiɔ̃ 'ɲɛ]
No estoy de acuerdo.	**Nie zgadzam się.** [ɲɛ 'zgadzam ɕiɛ]
No lo creo.	**Nie wydaje mi się.** [ɲɛ vɨ'dajɛ mʲi ɕiɛ]
No es verdad.	**To nie prawda.** [tɔ ɲɛ 'pravda]
No tiene razón.	**Nie ma pan /pani/ racji.** [ɲɛ ma pan /'paɲi/ 'ratsji]
Creo que no tiene razón.	**Myślę że nie ma pan /pani/ racji.** ['mɨɕlɛ 'ʒɛ ɲɛ ma pan /'paɲi/ 'ratsji]
No estoy seguro /segura/.	**Nie jestem pewien /pewna/.** [ɲɛ 'jɛstɛm 'pɛvʲɛn /'pɛvna/]
No es posible.	**To niemożliwe.** [tɔ ɲɛmɔ'ʒʎivɛ]
¡Nada de eso!	**Nic podobnego!** ['ɲits pɔdɔ'bnɛgɔ!]
Justo lo contrario.	**Dokładnie odwrotnie.** [dɔ'kwadɲɛ ɔ'dvrɔtɲɛ]
Estoy en contra de ello.	**Nie zgadzam się.** [ɲɛ 'zgadzam ɕiɛ]
No me importa. (Me da igual.)	**Wszystko mi jedno.** ['fʃistkɔ mʲi 'jɛdnɔ]
No tengo ni idea.	**Nie mam pojęcia.** [ɲɛ 'mam pɔ'jɛntɕa]
Dudo que sea así.	**Wątpię w to.** ['vɔntpʲiɛ f 'tɔ]
Lo siento, no puedo.	**Przepraszam, nie mogę.** [pʃɛ'praʃam, ɲɛ 'mɔgɛ]
Lo siento, no quiero.	**Przepraszam, nie chcę.** [pʃɛ'praʃam, ɲɛ 'xtsɛ]
Gracias, pero no lo necesito.	**Dziękuję, ale nie potrzebuję tego.** [dʑiɛŋ'kujɛ, 'alɛ ɲɛ pɔtʃɛ'bujɛ 'tɛgɔ]
Ya es tarde.	**Robi się późno.** ['rɔbʲi ɕiɛ 'puʑnɔ]

Tengo que levantarme temprano.	**Muszę wstać wcześnie.** ['muʃɛ 'fstatɕ 'ftʃɛɕɲɛ]
Me encuentro mal.	**Źle się czuję.** [ʑlɛ ɕiɛ 'tʃujɛ]

Expresar gratitud

Gracias.	**Dziękuję.** [dʑiɛŋ'kujɛ]
Muchas gracias.	**Dziękuję bardzo.** [dʑiɛŋ'kujɛ 'bardzɔ]
De verdad lo aprecio.	**Naprawdę to doceniam.** [na'pravdɛ tɔ dɔ'tsɛɲam]
Se lo agradezco.	**Jestem naprawdę wdzięczny /wdzięczna/.** ['jɛstɛm na'pravdɛ 'vdʑiɛntʃnɨ /'vdʑiɛntʃna/]
Se lo agradecemos.	**Jesteśmy naprawdę wdzięczni.** [jɛs'tɛɕmɨ na'pravdɛ 'vdʑiɛntʃni]
Gracias por su tiempo.	**Dziękuję za poświęcony czas.** [dʑiɛŋ'kujɛ za pɔɕvʲiɛn'tsɔnɨ 'tʃas]
Gracias por todo.	**Dziękuję za wszystko.** [dʑiɛŋ'kujɛ za 'fʃɨstkɔ]
Gracias por ...	**Dziękuję za ...** [dʑiɛŋ'kujɛ za ...]
su ayuda	**pańską pomoc** ['paɲskɔ̃ 'pɔmɔts]
tan agradable momento	**miłe chwile** ['mʲiwɛ 'xvʲilɛ]
una comida estupenda	**doskonałą potrawę** [dɔskɔ'nawɔ̃ pɔ'travɛ]
una velada tan agradable	**miły wieczór** ['mʲiwɨ 'vʲɛtʃur]
un día maravilloso	**wspaniały dzień** [fspa'ɲawɨ 'dʑɛɲ]
un viaje increíble	**miła podróż** ['mʲiwa 'pɔdruʒ]
No hay de qué.	**Nie ma za co.** [ɲɛ ma za 'tsɔ]
De nada.	**Proszę.** ['prɔʃɛ]
Siempre a su disposición.	**Zawsze do usług.** ['zafʃɛ dɔ 'uswuk]
Encantado /Encantada/ de ayudarle.	**Cała przyjemność po mojej stronie.** [tsawa pʃɨ'jɛmnɔɕtɕ pɔ 'mɔjɛj 'strɔɲɛ]

No hay de qué.	**Nie ma o czy mówić.** [ɲɛ ma ɔ tʃɨ 'muvʲitɕ]
No tiene importancia.	**Nic nie szkodzi.** ['ɲits ɲɛ 'ʃkɔdʑi]

Felicitaciones , Mejores Deseos

¡Felicidades!	**Gratulacje!** [gratu'latsjɛ!]
¡Feliz Cumpleaños!	**Wszystkiego najlepszego z okazji urodzin!** [fʃɨ'stkʲɛgɔ najlɛ'pʃɛgɔ z ɔ'kazji u'rɔdʑin!]
¡Feliz Navidad!	**Wesołych Świąt!** [vɛ'sɔwɨx 'ɕvʲiɔnt!]
¡Feliz Año Nuevo!	**Szczęśliwego Nowego Roku!** [ʃʧɛ̃ɕʎi'vɛgɔ nɔ'vɛgɔ 'rɔku!]
¡Felices Pascuas!	**Wesołych Świąt Wielkanocnych!** [vɛ'sɔwɨx 'ɕvʲiɔnt vʲɛlka'nɔtsnɨx!]
¡Feliz Hanukkah!	**Szczęśliwego Chanuka!** [ʃʧɛ̃ɕʎi'vɛgɔ 'xanuka!]
Quiero brindar.	**Chciałbym wznieść toast.** ['xtɕawbɨm 'vzɲɛɕtɕ 'tɔast]
¡Salud!	**Na zdrowie!** [na 'zdrɔvʲɛ!]
¡Brindemos por ...!	**Wypijmy za ...!** [vɨ'pʲijmɨ za ...!]
¡A nuestro éxito!	**Za naszą pomyślność!** [za 'naʃɔ̃ pɔ'mɨɕlnɔɕtɕ!]
¡A su éxito!	**Za Państwa pomyślność!** [za 'paɲstfa pɔ'mɨɕlnɔɕtɕ!]
¡Suerte!	**Powodzenia!** [pɔvɔ'dzɛɲa!]
¡Que tenga un buen día!	**Miłego dnia!** ['mʲiwɛgɔ 'dɲa!]
¡Que tenga unas buenas vacaciones!	**Miłych wakacji!** ['mʲiwɨx va'katsji!]
¡Que tenga un buen viaje!	**Bezpiecznej podróży!** [bɛ'spʲɛʧnɛj pɔ'druʒɨ!]
¡Espero que se recupere pronto!	**Szybkiego powrotu do zdrowia!** [ʃɨ'pkʲɛgɔ pɔ'vrɔtu dɔ 'zdrɔvʲa!]

Socializarse

¿Por qué está triste?	**Dlaczego jest pani smutna?** [dla'ʧɛgɔ 'jɛst 'paɲi 'smutna?]
¡Sonría! ¡Animese!	**Proszę się uśmiechnąć, głowa do góry!** ['prɔʃɛ ɕiɛ u'ɕmʲɛxnɔntɕ, 'gwɔva dɔ 'gurɨ!]
¿Está libre esta noche?	**Czy ma pani czas dzisiaj wieczorem?** [ʧɨ ma 'paɲi 'ʧaz 'dʑiɕaj vʲɛ'ʧɔrɛm?]
¿Puedo ofrecerle algo de beber?	**Czy mogę zaproponować pani drinka?** [ʧɨ 'mɔgɛ zaprɔpɔ'nɔvatɕ 'paɲi 'drinka?]
¿Querría bailar conmigo?	**Czy mogę prosić do tańca?** [ʧɨ 'mɔgɛ 'prɔɕitɕ dɔ 'taɲtsa?]
Vamos a ir al cine.	**Może pójdziemy do kina?** ['mɔʒɛ pu'jdʑɛmɨ dɔ 'kʲina?]
¿Puedo invitarle a ...?	**Czy mogę zaprosić pani ...?** [ʧɨ 'mɔgɛ za'prɔɕitɕ 'paɲi ...?]
un restaurante	**do restauracji** [dɔ rɛsta'wratsji]
el cine	**do kina** [dɔ 'kʲina]
el teatro	**do teatru** [dɔ tɛ'atru]
dar una vuelta	**na spacer** [na 'spatsɛr]
¿A qué hora?	**O której godzinie?** [ɔ 'kturɛj gɔ'dʑiɲɛ?]
esta noche	**dziś wieczorem** ['dʑiɕ vʲɛ'ʧɔrɛm]
a las seis	**o szóstej** [ɔ 'ʃustɛj]
a las siete	**o siódmej** [ɔ 'ɕudmɛj]
a las ocho	**o ósmej** [ɔ 'usmɛj]
a las nueve	**o dziewiątej** [ɔ dʑɛ'vʲiɔntɛj]
¿Le gusta este lugar?	**Czy podoba się panu /pani/ tutaj?** [ʧɨ pɔ'dɔba ɕiɛ 'panu /'paɲi/ 'tutaj?]
¿Está aquí con alguien?	**Czy jest tu pani z kimś?** [ʧɨ 'jɛst tu 'paɲi s 'kʲimɕ?]

Estoy con mi amigo /amiga/.	**Jestem z przyjacielem /przyjaciółką/.** ['jɛstɛm s pʃɨja'tɕɛlɛm /pʃɨja'tɕuwkɔ̃/]
Estoy con amigos.	**Jestem z przyjaciółmi.** ['jɛstɛm s pʃɨja'tɕuwmʲi]
No, estoy solo /sola/.	**Nie, jestem sam /sama/.** [ɲɛ, 'jɛstɛm 'sam /'sama/]

¿Tienes novio?	**Czy masz chłopaka?** [ʧɨ 'maʃ xwɔ'paka?]
Tengo novio.	**Mam chłopaka.** [mam xwɔ'paka]
¿Tienes novia?	**Czy masz dziewczynę?** [ʧɨ 'maʃ dʑɛ'fʧɨnɛ?]
Tengo novia.	**Mam dziewczynę.** [mam dʑɛ'fʧɨnɛ]

¿Te puedo volver a ver?	**Czy mogę cię jeszcze zobaczyć?** [ʧɨ 'mɔgɛ tɕiɛ 'jɛʃʧɛ zɔ'baʧɨtɕ?]
¿Te puedo llamar?	**Czy mogę do ciebie zadzwonić?** [ʧɨ 'mɔgɛ dɔ 'tɕɛbʲɛ za'dzvɔɲitɕ?]
Llámame.	**Zadzwoń do mnie.** ['zadzvɔɲ dɔ 'mɲɛ]
¿Cuál es tu número?	**Jaki masz numer?** ['jakʲi 'maʃ 'numɛr?]
Te echo de menos.	**Tęsknię za Tobą.** ['tɛ̃skɲiɛ za 'tɔbɔ̃]

¡Qué nombre tan bonito!	**Ma pan /pani/ piękne imię.** [ma pan /'paɲi/ 'pʲiɛŋknɛ 'imʲiɛ]
Te quiero.	**Kocham cię.** ['kɔxam tɕiɛ]
¿Te casarías conmigo?	**Czy wyjdziesz za mnie?** [ʧɨ 'vɨjdʑɛʃ za 'mɲɛ?]
¡Está de broma!	**Żartuje pan /pani/!** [ʒar'tujɛ pan /'paɲi/!]
Sólo estoy bromeando.	**Żartuję.** [ʒar'tujɛ]

¿En serio?	**Czy mówi pan /pani/ poważnie?** [ʧɨ 'muvʲi pan /'paɲi/ pɔ'vaʒɲɛ?]
Lo digo en serio.	**Mówię poważnie.** ['muvʲiɛ pɔ'vaʒɲɛ]
¿De verdad?	**Naprawdę?!** [na'pravdɛ?!]
¡Es increíble!	**To niemożliwe!** [tɔ ɲɛmɔ'ʒʎivɛ!]
No le creo.	**Nie wierzę.** [ɲɛ 'vʲɛʒɛ]
No puedo.	**Nie mogę.** [ɲɛ 'mɔgɛ]
No lo sé.	**Nie wiem.** [ɲɛ 'vʲɛm]

No le entiendo.	**Nie rozumiem.** [ɲɛ rɔ'zumʲɛm]
Váyase, por favor.	**Proszę odejść.** ['prɔʃɛ 'ɔdɛjɕtɕ]
¡Déjeme en paz!	**Proszę zostawić mnie w spokoju!** ['prɔʃɛ zɔ'stavʲitɕ 'mɲɛ f spɔ'kɔju!]

Es inaguantable.	**Nie znoszę go.** [ɲɛ 'znɔʃɛ 'gɔ]
¡Es un asqueroso!	**Jest pan obrzydliwy!** ['jɛst pan ɔbʒɨ'dʎivɨ!]
¡Llamaré a la policía!	**Zadzwonię po policję!** [za'dzvɔɲiɛ pɔ pɔ'ʎitsjɛ!]

Compartir impresiones. Emociones

Me gusta.	**Podoba mi się to.** [pɔ'dɔba mʲi ɕiɛ 'tɔ]
Muy lindo.	**Bardzo ładne.** ['bardzɔ 'wadnɛ]
¡Es genial!	**Wspaniale!** [fspa'ɲalɛ!]
No está mal.	**Nieźle.** ['ɲɛʑlɛ]
No me gusta.	**Nie podoba mi się to.** [ɲɛ pɔ'dɔba mʲi ɕiɛ 'tɔ]
No está bien.	**Niełądnie.** [ɲɛ'wadɲɛ]
Está mal.	**To jest złe.** [tɔ 'jɛsd 'zwɛ]
Está muy mal.	**To bardzo złe.** [tɔ 'bardzɔ 'zwɛ]
¡Qué asco!	**To obrzydliwe.** [tɔ ɔbʒɨ'dʎivɛ]
Estoy feliz.	**Jestem szczęśliwy /szczęśliwa/.** ['jɛstɛm ʃʧɛ̃'ɕʎivɨ /ʃʧɛ̃'ɕʎiva/]
Estoy contento /contenta/.	**Jestem zadowolony /zadowolona/.** ['jɛstɛm zadɔvɔ'lɔnɨ /zadɔvɔ'lɔna/]
Estoy enamorado /enamorada/.	**Jestem zakochany /zakochana/.** ['jɛstɛm zakɔ'xanɨ /zakɔ'xana/]
Estoy tranquilo.	**Jestem spokojny /spokojna/.** ['jɛstɛm spɔ'kɔjnɨ /spɔ'kɔjna/]
Estoy aburrido.	**Jestem znudzony /znudzona/.** ['jɛstɛm znu'dzɔnɨ /znu'dzɔna/]
Estoy cansado /cansada/.	**Jestem zmęczony /zmęczona/.** ['jɛstɛm zmɛ'nʧɔnɨ /zmɛ'nʧɔna/]
Estoy triste.	**Jestem smutny /smutna/.** ['jɛstɛm 'smutnɨ /'smutna/]
Estoy asustado.	**Jestem przestraszony /przestraszona/.** ['jɛstɛm pʃɛstra'ʃɔnɨ /pʃɛstra'ʃɔna/]
Estoy enfadado /enfadada/.	**Jestem zły /zła/.** ['jɛstɛm 'zwɨ /'zwa/]
Estoy nervioso /nerviosa/.	**Jestem zdenerwowany /zdenerwowana/.** ['jɛstɛm zdɛnɛrvɔ'vanɨ /zdɛnɛrvɔ'vana/]

Estoy preocupado /preocupada/.	**Martwię się.** ['martfiɛ ɕiɛ]
Estoy celoso /celosa/.	**Jestem zazdrosny /zazdrosna/.** ['jɛstɛm za'zdrɔsnɨ /za'zdrɔsna/]
Estoy sorprendido /sorprendida/.	**Jestem zaskoczony /zaskoczona/.** ['jɛstɛm zaskɔ'tʃɔnɨ /zaskɔ'tʃɔna/]
Estoy perplejo /perpleja/.	**Jestem zakłopotany /zakłopotana/.** ['jɛstɛm zakwɔpɔ'tanɨ /zakwɔpɔ'tana/]

Problemas, Accidentes

Tengo un problema.	**Mam problem.** [mam 'prɔblɛm]
Tenemos un problema.	**Mamy problem.** ['mamɨ 'prɔblɛm]
Estoy perdido /perdida/.	**Zgubiłem /Zgubiłam/ się.** [zgu'bʲiwɛm /zgu'bʲiwam/ ɕiɛ]
Perdi el último autobús (tren).	**Uciekł mi ostatni autobus (pociąg).** ['utɕɛk mʲi ɔ'statɲi aw'tɔbus ('pɔtɕiɔŋk)]
No me queda más dinero.	**Nie mam ani grosza.** [ɲɛ 'mam 'aɲi 'grɔʃa]

He perdido ...	**Zgubiłem /Zgubiłam/ ...** [zgu'bʲiwɛm /zgu'bʲiwam/ ...]
Me han robado ...	**Ktoś ukradł ...** ['ktɔɕ 'ukrat ...]
mi pasaporte	**mój paszport** [muj 'paʃpɔrt]
mi cartera	**mój portfel** [muj 'pɔrtfɛl]
mis papeles	**moje dokumenty** ['mɔjɛ dɔku'mɛntɨ]
mi billete	**mój bilet** [muj 'bʲilɛt]

mi dinero	**moje pieniądze** ['mɔjɛ pʲɛ'ɲiɔndzɛ]
mi bolso	**moje torebkę** ['mɔjɛ tɔ'rɛpkɛ]
mi cámara	**mój aparat fotograficzny** [muj a'parat fɔtɔgra'fitʃnɨ]
mi portátil	**mój laptop** [muj 'laptɔp]
mi tableta	**mój tablet** [muj 'tablɛt]
mi teléfono	**mój telefon** [muj tɛ'lefɔn]

¡Ayúdeme!	**Pomocy!** [pɔ'mɔtsɨ!]
¿Qué pasó?	**Co się stało?** ['tsɔ ɕiɛ 'stawɔ?]
el incendio	**pożar** ['pɔʒar]

un tiroteo	**strzał** ['stʃaw]
el asesinato	**morderca** [mɔ'rdɛrtsa]
una explosión	**wybuch** ['vɨbux]
una pelea	**bójka** ['bujka]

¡Llame a la policía!	**Proszę zadzwonić na policję!** ['prɔʃɛ za'dzvɔɲitɕ na pɔ'ʎitsjɛ!]
¡Más rápido, por favor!	**Proszę się pospieszyć!** ['prɔʃɛ ɕiɛ pɔ'spʲɛʃitɕ!]
Busco la comisaría.	**Szukam komendy policji.** ['ʃukam kɔ'mɛndɨ pɔ'ʎitsji]
Tengo que hacer una llamada.	**Muszę zadzwonić.** ['muʃɛ za'dzvɔɲitɕ]
¿Puedo usar su teléfono?	**Czy mogę skorzystać z telefonu?** [tʃɨ 'mɔgɛ skɔ'ʒɨstatɕ s tɛlɛ'fɔnu?]

Me han ...	**Zostałem /Zostałam/ ...** [zɔ'stawɛm /zɔ'stawam/ ...]
asaltado /asaltada/	**obrabowany /obrabowana/** [ɔbrabɔ'vanɨ /ɔbrabɔ'vana/]
robado /robada/	**okradziony /okradziona/** [ɔkra'dʑɔnɨ /ɔkra'dʑɔna/]
violada	**zgwałcona** [zgva'wtsɔna]
atacado /atacada/	**pobity /pobita/** [pɔ'bʲitɨ /pɔ'bʲita/]

¿Se encuentra bien?	**Czy wszystko w porządku?** [tʃɨ 'fʃistkɔ f pɔ'ʒɔntku?]
¿Ha visto quien a sido?	**Czy widział pan /widziała pani/ kto to był?** [tʃɨ 'vʲidʑaw pan /vʲi'dʑawa 'paɲi/ 'ktɔ tɔ 'bɨw?]
¿Sería capaz de reconocer a la persona?	**Czy może pan /pani/ rozpoznać sprawcę?** [tʃɨ 'mɔʒɛ pan /'paɲi/ rɔ'spɔznatɕ 'spraftsɛ?]
¿Está usted seguro?	**Jest pan pewny /pani pewna/?** ['jɛst pan 'pɛvnɨ /'paɲi 'pɛvna/?]

Por favor, cálmese.	**Proszę się uspokoić.** ['prɔʃɛ ɕiɛ uspɔ'kɔitɕ]
¡Cálmese!	**Spokojnie!** [spɔ'kɔjɲɛ!]
¡No se preocupe!	**Proszę się nie martwić!** ['prɔʃɛ ɕiɛ ɲɛ 'martfitɕ!]
Todo irá bien.	**Wszystko będzie dobrze.** [fʃistkɔ 'bɛndʑɛ 'dɔbʒɛ]

Todo está bien.	**Wszystko jest w porządku.** [fʃistkɔ 'jɛsd f pɔ'ʒɔntku]
Venga aquí, por favor.	**Proszę tu podejść.** ['prɔʃɛ tu 'pɔdɛjɕtɕ]
Tengo unas preguntas para usted.	**Mam kilka pytań.** [mam 'kʲiʎka 'pɨtaɲ]
Espere un momento, por favor.	**Proszę chwilę zaczekać.** ['prɔʃɛ 'xvʲilɛ za'ʧɛkatɕ]

¿Tiene un documento de identidad?	**Czy ma pan /pani/ dowód tożsamości?** [ʧɨ ma pan /'paɲi/ 'dɔvut tɔʃsa'mɔɕtɕi?]
Gracias. Puede irse ahora.	**Dziękuję. Może pan /pani/ odejść.** [dʑiɛŋ'kujɛ. 'mɔʒɛ pan /'paɲi/ 'ɔdɛjɕtɕ]
¡Manos detrás de la cabeza!	**Ręce za głowę!** ['rɛntsɛ za 'gwɔvɛ!]
¡Está arrestado!	**Jest pan aresztowany /pani aresztowana/!** ['jɛst pan arɛʃtɔ'vanɨ /'paɲi arɛʃtɔ'vana/!]

Problemas de salud

Ayudeme, por favor.	**Proszę mi pomóc.** ['prɔʃɛ mʲi 'pɔmuts]
No me encuentro bien.	**Źle się czuję.** [ʑlɛ ɕiɛ 'ʧujɛ]
Mi marido no se encuentra bien.	**Mój mąż nie czuje się dobrze.** [muj 'mɔ̃ʒ ɲɛ 'ʧujɛ ɕiɛ 'dɔbʒɛ]
Mi hijo ...	**Mój syn ...** [muj 'sɨn ...]
Mi padre ...	**Mój ojciec ...** [muj 'ɔjtɕɛts ...]
Mi mujer no se encuentra bien.	**Moja żona nie czuje się dobrze.** ['mɔja 'ʒɔna ɲɛ 'ʧujɛ ɕiɛ 'dɔbʒɛ]
Mi hija ...	**Moja córka ...** ['mɔja 'tsurka ...]
Mi madre ...	**Moja matka ...** ['mɔja 'matka ...]
Me duele ...	**Boli mnie ...** ['bɔʎi 'mɲɛ ...]
la cabeza	**głowa** ['gwɔva]
la garganta	**gardło** ['gardwɔ]
el estómago	**brzuch** ['bʒux]
un diente	**ząb** ['zɔmp]
Estoy mareado.	**Kręci mi się w głowie.** ['krɛntɕi mʲi ɕiɛ v 'gwɔvʲɛ]
Él tiene fiebre.	**On ma gorączkę.** [ɔn ma gɔ'rɔnʧkɛ]
Ella tiene fiebre.	**Ona ma gorączkę.** ['ɔna ma gɔ'rɔnʧkɛ]
No puedo respirar.	**Nie mogę oddychać.** [ɲɛ 'mɔgɛ ɔ'ddɨxatɕ]
Me ahogo.	**Mam krótki oddech.** [mam 'krutkʲi 'ɔddɛx]
Tengo asma.	**Jestem astmatykiem.** ['jɛstɛm astma'tɨkʲɛm]
Tengo diabetes.	**Jestem diabetykiem.** ['jɛstɛm diabɛ'tɨkʲɛm]

No puedo dormir.	**Mam problemy ze snem.** [mam prɔ'blɛmɨ zɛ 'snɛm]
intoxicación alimentaria	**Zatrułem się jedzeniem** [za'truwɛm ɕiɛ jɛ'dzɛɲɛm]

Me duele aquí.	**Boli mnie tu.** ['bɔʎi 'mɲɛ 'tu]
¡Ayúdeme!	**Pomocy!** [pɔ'mɔtsɨ!]
¡Estoy aquí!	**Jestem tu!** ['jɛstɛm 'tu!]
¡Estamos aquí!	**Tu jesteśmy!** [tu jɛ'stɛɕmɨ!]
¡Saquenme de aquí!	**Wyjmijcie mnie stąd!** [vɨ'jmʲijtɕɛ 'mɲɛ 'stɔnt!]
Necesito un médico.	**Potrzebuję lekarza.** [pɔʧɛ'bujɛ lɛ'kaʒa]
No me puedo mover.	**Nie mogę się ruszać.** [ɲɛ 'mɔgɛ ɕiɛ 'ruʃatɕ]
No puedo mover mis piernas.	**Nie mogę się ruszać nogami.** [ɲɛ 'mɔgɛ ɕiɛ 'ruʃatɕ nɔ'gamʲi]

Tengo una herida.	**Jestem ranny /ranna/.** ['jɛstɛm 'rannɨ /'ranna/]
¿Es grave?	**Czy to poważne?** [ʧɨ tɔ pɔ'vaʒnɛ?]
Mis documentos están en mi bolsillo.	**Moje dokumenty są w kieszeni.** ['mɔjɛ dɔku'mɛntɨ 'sɔ̃ f kʲɛ'ʃɛɲi]
¡Cálmese!	**Proszę się uspokoić.** ['prɔʃɛ ɕiɛ uspɔ'kɔitɕ]
¿Puedo usar su teléfono?	**Czy mogę skorzystać z telefonu?** [ʧɨ 'mɔgɛ skɔ'ʒɨstatɕ s tɛle'fɔnu?]

¡Llame a una ambulancia!	**Proszę wezwać karetkę!** ['prɔʃɛ 'vɛzvatɕ ka'rɛtkɛ!]
¡Es urgente!	**To pilne!** [tɔ 'pʲilnɛ!]
¡Es una emergencia!	**To nagłe!** [tɔ 'nagwɛ!]
¡Más rápido, por favor!	**Proszę się pospieszyć!** ['prɔʃɛ ɕiɛ pɔ'spʲɛʃɨtɕ!]
¿Puede llamar a un médico, por favor?	**Czy może pan /pani/ zadzwonić po lekarza?** [ʧɨ 'mɔʒɛ pan /'paɲi/ za'dzvɔɲitɕ pɔ lɛ'kaʒa?]
¿Dónde está el hospital?	**Gdzie jest szpital?** [gdʑɛ 'jɛst ʃpʲi'tal?]

¿Cómo se siente?	**Jak się pan /pani/ czuje?** ['jak ɕiɛ pan /'paɲi/ 'ʧujɛ?]
¿Se encuentra bien?	**Czy wszystko w porządku?** [ʧɨ 'fʃɨstkɔ f pɔ'ʒɔntku?]

¿Qué pasó?	**Co się stało?** ['tsɔ ɕiɛ 'stawɔ?]
Me encuentro mejor.	**Czuję się już lepiej.** ['ʧujɛ ɕiɛ 'juʒ 'lɛpʲɛj]
Está bien.	**W porządku.** [f pɔ'ʒɔntku]
Todo está bien.	**Wszystko w porządku.** ['fʃɨstkɔ f pɔ'ʒɔntku]

En la farmacia

la farmacia	**apteka** [a'ptɛka]
la farmacia 24 horas	**apteka całodobowa** [a'ptɛka tsawɔdɔ'bɔva]
¿Dónde está la farmacia más cercana?	**Gdzie jest najbliższa apteka?** [gdʑɛ 'jɛst najb'ʎiʃʃa a'ptɛka?]
¿Está abierta ahora?	**Czy jest teraz otwarta?** [tʃɨ 'jɛst 'tɛraz ɔ'tfarta?]
¿A qué hora abre?	**Od której jest czynne?** [ɔt 'kturɛj 'jɛst 'tʃɨnnɛ?]
¿A qué hora cierra?	**Do której jest czynne?** [dɔ 'kturɛj 'jɛst 'tʃɨnnɛ?]
¿Está lejos?	**Czy to daleko?** [tʃɨ tɔ da'lɛkɔ?]
¿Puedo llegar a pie?	**Czy mogę tam dojść pieszo?** [tʃɨ 'mɔgɛ tam 'dɔjɕtɕ 'pʲɛʃɔ?]
¿Puede mostrarme en el mapa?	**Czy może mi pan /pani/ pokazać na mapie?** [tʃɨ 'mɔʒɛ mʲi pan /'paɲi/ pɔ'kazatɕ na 'mapʲɛ?]
Por favor, deme algo para ...	**Proszę coś na ...** ['prɔʃɛ 'tsɔɕ na ...]
un dolor de cabeza	**ból głowy** [bul 'gwɔvɨ]
la tos	**kaszel** ['kaʃɛl]
el resfriado	**przeziębienie** [pʃɛʑiɛm'bʲɛɲɛ]
la gripe	**grypę** ['grɨpɛ]
la fiebre	**gorączkę** [gɔ'rɔntʃkɛ]
un dolor de estomago	**ból brzucha** [bul 'bʒuxa]
nauseas	**nudności** [nu'dnɔɕtɕi]
la diarrea	**rozwolnienie** [rɔzvɔ'lɲɛɲɛ]
el estreñimiento	**zatwardzenie** [zatfar'dzɛɲɛ]

un dolor de espalda	**ból pleców** [bul 'plɛtsuf]
un dolor de pecho	**ból w klatce piersiowej** [bul f 'klattsɛ pʲɛ'rɕɔvɛj]
el flato	**kolkę** ['kɔʎkɛ]
un dolor abdominal	**ból brzucha** [bul 'bʒuxa]

---

la píldora	**tabletka** [ta'blɛtka]
la crema	**maść** ['maɕtɕ]
el jarabe	**syrop** ['sɨrɔp]
el spray	**spray** ['spraɨ]
las gotas	**drażetki** [dra'ʒɛtkʲi]

Tiene que ir al hospital.	**Musi pan /pani/ iść do szpitala.** ['muɕi pan /'paɲi/ 'iɕtɕ dɔ ʃpʲi'tala]
el seguro de salud	**polisa na życie** [pɔ'ʎisa na 'ʒɨtɕɛ]
la receta	**recepta** [rɛ'tsɛpta]
el repelente de insectos	**środek na owady** ['ɕrɔdɛk na ɔ'vadɨ]
la curita	**plaster** ['plastɛr]

Lo más imprescindible

Perdone, ...	**Przepraszam, ...** [pʃɛ'praʃam, ...]
Hola.	**Witam.** ['vʲitam]
Gracias.	**Dziękuję.** [dʑiɛŋ'kujɛ]
Sí.	**Tak.** [tak]
No.	**Nie.** [ɲɛ]
No lo sé.	**Nie wiem.** [ɲɛ 'vʲɛm]
¿Dónde? | ¿A dónde? | ¿Cuándo?	**Gdzie? | Dokąd? | Kiedy?** [gdʑɛ? | 'dɔkɔnt? | 'kʲɛdɨ?]
Necesito ...	**Potrzebuję ...** [pɔʧɛ'bujɛ ...]
Quiero ...	**Chcę ...** ['xtsɛ ...]
¿Tiene ...?	**Czy jest ...?** [ʧɨ 'jɛst ...?]
¿Hay ... por aquí?	**Czy jest tutaj ...?** [ʧɨ 'jɛst 'tutaj ...?]
¿Puedo ...?	**Czy mogę ...?** [ʧɨ 'mɔgɛ ...?]
..., por favor? (petición educada)	**..., poproszę** [..., pɔ'prɔʃɛ]
Busco ...	**Szukam ...** ['ʃukam ...]
el servicio	**toalety** [tɔa'lɛtɨ]
un cajero automático	**bankomatu** [bankɔ'matu]
una farmacia	**apteki** [a'ptɛkʲi]
el hospital	**szpitala** [ʃpʲi'tala]
la comisaría	**komendy policji** [kɔ'mɛndɨ pɔ'ʎitsji]
el metro	**metra** ['mɛtra]

un taxi	**taksówki** [ta'ksufkʲi]
la estación de tren	**dworca kolejowego** ['dvɔrtsa kɔlɛjɔ'vɛgɔ]

Me llamo ...	**Mam na imię ...** [mam na 'imʲiɛ ...]
¿Cómo se llama?	**Jak pan /pani/ ma na imię?** ['jak pan /'paɲi/ ma na 'imʲiɛ?]
¿Puede ayudarme, por favor?	**Czy może pan /pani/ mi pomóc?** [ʧɨ 'mɔʒɛ pan /'paɲi/ mʲi 'pɔmuts?]
Tengo un problema.	**Mam problem.** [mam 'prɔblɛm]
Me encuentro mal.	**Źle się czuję.** [ʑlɛ ɕiɛ 'ʧujɛ]
¡Llame a una ambulancia!	**Proszę wezwać karetkę!** ['prɔʃɛ 'vɛzvatɕ ka'rɛtkɛ!]
¿Puedo llamar, por favor?	**Czy mogę zadzwonić?** [ʧɨ 'mɔgɛ za'dzvɔɲitɕ?]

Lo siento.	**Przepraszam.** [pʃɛ'praʃam]
De nada.	**Proszę bardzo.** ['prɔʃɛ 'bardzɔ]

Yo	**ja** ['ja]
tú	**ty** ['tɨ]
él	**on** [ɔn]
ella	**ona** ['ɔna]
ellos	**oni** ['ɔɲi]
ellas	**one** ['ɔnɛ]
nosotros /nosotras/	**my** ['mɨ]
ustedes, vosotros	**wy** ['vɨ]
usted	**pan /pani/** [pan /'paɲi/]

ENTRADA	**WEJŚCIE** ['vɛjɕtɕɛ]
SALIDA	**WYJŚCIE** ['vɨjɕtɕɛ]
FUERA DE SERVICIO	**NIECZYNNY** [ɲɛ'ʧɨnnɨ]
CERRADO	**ZAMKNIĘTE** [za'mkɲiɛntɛ]

ABIERTO	**OTWARTE** [ɔ'tfartɛ]
PARA SEÑORAS	**PANIE** ['paɲɛ]
PARA CABALLEROS	**PANOWIE** [pa'nɔvʲɛ]

VOCABULARIO TEMÁTICO

Esta sección contiene más de 3.000 de las palabras más importantes. El diccionario le proporcionará una ayuda inestimable mientras viaja al extranjero, porque las palabras individuales son a menudo suficientes para que le entiendan.
El diccionario incluye una transcripción adecuada de cada palabra extranjera

T&P Books Publishing

CONTENIDO DEL DICCIONARIO

Conceptos básicos 75
Números. Miscelánea 81
Los colores. Las unidades de medida 85
Los verbos más importantes 89
La hora. El calendario 95
El viaje. El hotel 101
El transporte 105
La ciudad 111
La ropa y los accesorios 119
La experiencia diaria 125
Las comidas. El restaurante 133
La información personal. La familia 143
El cuerpo. La medicina 147
El apartamento 155
La tierra. El tiempo 161
La fauna 173
La flora 181
Los países 187

T&P Books Publishing

CONCEPTOS BÁSICOS

1. Los pronombres
2. Saludos. Salutaciones
3. Las preguntas
4. Las preposiciones
5. Las palabras útiles. Los adverbios. Unidad 1
6. Las palabras útiles. Los adverbios. Unidad 2

T&P Books Publishing

1. Los pronombres

yo	**ja**	[ja]
tú	**ty**	[tɨ]
él	**on**	[ɔn]
ella	**ona**	['ɔna]
ello	**ono**	['ɔnɔ]
nosotros, -as	**my**	[mɨ]
vosotros, -as	**wy**	[vɨ]
ellos, ellas	**one**	['ɔnɛ]

2. Saludos. Salutaciones

¡Hola! (fam.)	**Dzień dobry!**	[ʤɛɲ 'dɔbrɨ]
¡Hola! (form.)	**Dzień dobry!**	[ʤɛɲ 'dɔbrɨ]
¡Buenos días!	**Dzień dobry!**	[ʤɛɲ 'dɔbrɨ]
¡Buenas tardes!	**Dzień dobry!**	[ʤɛɲ 'dɔbrɨ]
¡Buenas noches!	**Dobry wieczór!**	[dɔbrɨ 'vetʃur]
decir hola	**witać się**	['vitaʧ ɕɛ̃]
¡Hola! (a un amigo)	**Cześć!**	[ʧɛɕʧ]
saludo (m)	**pozdrowienia** (l.mn.)	[pɔzdrɔ'veɲa]
saludar (vt)	**witać**	['vitaʧ]
¿Cómo estás?	**Jak się masz?**	[jak ɕɛ̃ maʃ]
¿Qué hay de nuevo?	**Co nowego?**	[ʦɔ nɔ'vɛgɔ]
¡Chau! ¡Adiós!	**Do widzenia!**	[dɔ vi'ʣɛɲa]
¡Hasta pronto!	**Do zobaczenia!**	[dɔ zɔbat'ʃɛɲa]
¡Adiós! (fam.)	**Żegnaj!**	['ʒɛgnaj]
¡Adiós! (form.)	**Żegnam!**	['ʒɛgnam]
despedirse (vr)	**żegnać się**	['ʒɛgnaʧ ɕɛ̃]
¡Hasta luego!	**Na razie!**	[na 'raʒe]
¡Gracias!	**Dziękuję!**	[ʤɛ̃'kue]
¡Muchas gracias!	**Bardzo dziękuję!**	[barʣɔ ʤɛ̃'kuɛ̃]
De nada	**Proszę**	['prɔʃɛ̃]
No hay de qué	**To drobiazg**	[tɔ 'drɔbʲazk]
De nada	**Nie ma za co**	['ne ma 'za ʦɔ]
¡Disculpa! ¡Disculpe!	**Przepraszam!**	[pʃɛp'raʃam]
disculpar (vt)	**wybaczać**	[vɨ'batʃaʧ]
disculparse (vr)	**przepraszać**	[pʃɛp'raʃaʧ]

Mis disculpas	**Przepraszam!**	[pʃɛp'raʃam]
¡Perdóneme!	**Przepraszam!**	[pʃɛp'raʃam]
perdonar (vt)	**wybaczać**	[vɨ'baʧaʧ]
por favor	**proszę**	['prɔʃɛ̃]
¡No se le olvide!	**Nie zapomnijcie!**	[ne zapɔm'nijʧe]
¡Ciertamente!	**Oczywiście!**	[ɔʧɨ'viɕʧe]
¡Claro que no!	**Oczywiście, że nie!**	[ɔʧɨviɕʧe ʒɛ 'ne]
¡De acuerdo!	**Zgoda!**	['zgɔda]
¡Basta!	**Dosyć!**	['dɔsɨʧ]

3. Las preguntas

¿Quién?	**Kto?**	[ktɔ]
¿Qué?	**Co?**	[ʦɔ]
¿Dónde?	**Gdzie?**	[gʤe]
¿Adónde?	**Dokąd?**	['dɔkɔ̃t]
¿De dónde?	**Skąd?**	[skɔ̃t]
¿Cuándo?	**Kiedy?**	['kedɨ]
¿Para qué?	**Dlaczego?**	[dʎat'ʃɛgɔ]
¿Por qué?	**Czemu?**	['ʧɛmu]
¿Por qué razón?	**Do czego?**	[dɔ 'ʧɛgɔ]
¿Cómo?	**Jak?**	[jak]
¿Qué ...? (~ color)	**Jaki?**	['jaki]
¿Cuál?	**Który?**	['kturɨ]
¿De quién? (~ hablan ...)	**O kim?**	['ɔ kim]
¿De qué?	**O czym?**	['ɔ ʧɨm]
¿Con quién?	**Z kim?**	[s kim]
¿Cuánto?	**Ile?**	['ile]
¿De quién? (~ es este ...)	**Czyj?**	[ʧɨj]

4. Las preposiciones

con ... (~ algn)	**z**	[z]
sin ... (~ azúcar)	**bez**	[bɛz]
a ... (p.ej. voy a México)	**do**	[dɔ]
de ... (hablar ~)	**o**	[ɔ]
antes de ...	**przed**	[pʃɛt]
delante de ...	**przed**	[pʃɛt]
debajo	**pod**	[pɔt]
sobre ..., encima de ...	**nad**	[nat]
en, sobre (~ la mesa)	**na**	[na]
de (origen)	**z ..., ze ...**	[z], [zɛ]
de (fabricado de)	**z ..., ze ...**	[z], [zɛ]

dentro de ...	**za**	[za]
encima de ...	**przez**	[pʃɛs]

5. Las palabras útiles. Los adverbios. Unidad 1

¿Dónde?	**Gdzie?**	[gʤe]
aquí (adv)	**tu**	[tu]
allí (adv)	**tam**	[tam]
en alguna parte	**gdzieś**	[gʤeɕ]
en ninguna parte	**nigdzie**	['nigʤe]
junto a ...	**koło, przy**	['kɔwɔ], [pʃɨ]
junto a la ventana	**przy oknie**	[pʃɨ 'ɔkne]
¿A dónde?	**Dokąd?**	['dɔkɔ̃t]
aquí (venga ~)	**tutaj**	['tutaj]
allí (vendré ~)	**tam**	[tam]
de aquí (adv)	**stąd**	[stɔ̃t]
de allí (adv)	**stamtąd**	['stamtɔ̃t]
cerca (no lejos)	**blisko**	['bliskɔ]
lejos (adv)	**daleko**	[da'lɛkɔ]
cerca de ...	**koło**	['kɔwɔ]
al lado (de ...)	**obok**	['ɔbɔk]
no lejos (adv)	**niedaleko**	[neda'lekɔ]
izquierdo (adj)	**lewy**	['levɨ]
a la izquierda (situado ~)	**z lewej**	[z 'levɛj]
a la izquierda (girar ~)	**w lewo**	[v 'levɔ]
derecho (adj)	**prawy**	['pravɨ]
a la derecha (situado ~)	**z prawej**	[s 'pravɛj]
a la derecha (girar)	**w prawo**	[f 'pravɔ]
delante (yo voy ~)	**z przodu**	[s 'pʃɔdu]
delantero (adj)	**przedni**	['pʃɛdni]
adelante (movimiento)	**naprzód**	['napʃut]
detrás de ...	**z tyłu**	[s 'tɨwu]
desde atrás	**od tyłu**	[ɔt 'tɨwu]
atrás (da un paso ~)	**do tyłu**	[dɔ 'tɨwu]
centro (m), medio (m)	**środek** (m)	['ɕrɔdɛk]
en medio (adv)	**w środku**	[f 'ɕrɔdku]
de lado (adv)	**z boku**	[z 'bɔku]
en todas partes	**wszędzie**	['fʃɛ̃ʤe]
alrededor (adv)	**dookoła**	[dɔ:'kɔwa]
de dentro (adv)	**z wewnątrz**	[z 'vɛvnɔ̃tʃ]

a alguna parte	**dokądś**	['dɔkɔ̃tɕ]
todo derecho (adv)	**na wprost**	['na fprɔst]
atrás (muévelo para ~)	**z powrotem**	[s pɔv'rɔtɛm]
de alguna parte (adv)	**skądkolwiek**	[skɔ̃t'kɔʎvek]
no se sabe de dónde	**skądś**	[skɔ̃tɕ]
primero (adv)	**po pierwsze**	[pɔ 'perfʃɛ]
segundo (adv)	**po drugie**	[pɔ 'druge]
tercero (adv)	**po trzecie**	[pɔ 'ʧɛʧe]
de súbito (adv)	**nagle**	['nagle]
al principio (adv)	**na początku**	[na pɔt'ʃɔ̃tku]
por primera vez	**po raz pierwszy**	[pɔ ras 'perfʃɨ]
mucho tiempo antes ...	**na długo przed ...**	[na 'dwugɔ pʃɛt]
de nuevo (adv)	**od nowa**	[ɔd 'nɔva]
para siempre (adv)	**na zawsze**	[na 'zafʃɛ]
jamás, nunca (adv)	**nigdy**	['nigdɨ]
de nuevo (adv)	**znowu**	['znɔvu]
ahora (adv)	**teraz**	['tɛras]
frecuentemente (adv)	**często**	['ʧɛnstɔ]
entonces (adv)	**wtedy**	['ftɛdɨ]
urgentemente (adv)	**pilnie**	['piʎne]
usualmente (adv)	**zwykle**	['zvɨkle]
a propósito, ...	**a propos**	[a prɔ'pɔ]
es probable	**może, możliwe**	['mɔʒɛ], [mɔʒ'livɛ]
probablemente (adv)	**prawdopodobnie**	[pravdɔpɔ'dɔbne]
tal vez	**być może**	[bɨʧ 'mɔʒɛ]
además ...	**poza tym**	[pɔ'za tɨm]
por eso ...	**dlatego**	[dʎa'tɛgɔ]
a pesar de ...	**mimo że ...**	['mimɔ ʒɛ]
gracias a ...	**dzięki**	['ʤɛ̃ki]
qué (pron)	**co**	[ʦɔ]
que (conj)	**że**	[ʒɛ]
algo (~ le ha pasado)	**coś**	[ʦɔɕ]
algo (~ así)	**cokolwiek**	[ʦɔ'kɔʎvek]
nada (f)	**nic**	[niʦ]
quien	**kto**	[ktɔ]
alguien (viene ~)	**ktoś**	[ktɔɕ]
alguien (¿ha llamado ~?)	**ktokolwiek**	[ktɔ'kɔʎvek]
nadie	**nikt**	[nikt]
a ninguna parte	**nigdzie**	['nigʤe]
de nadie	**niczyj**	['niʧɨj]
de alguien	**czyjkolwiek**	[ʧɨj'kɔʎvek]
tan, tanto (adv)	**tak**	[tak]
también (~ habla francés)	**także**	['tagʒɛ]
también (p.ej. Yo ~)	**też**	[tɛʃ]

6. Las palabras útiles. Los adverbios. Unidad 2

¿Por qué?	**Dlaczego?**	[dʎat'ʃɛgɔ]
no se sabe porqué	**z jakiegoś powodu**	[z ja'kegɔɕ pɔ'vɔdu]
porque …	**dlatego, że …**	[dla'tɛgɔ], [ʒɛ]
por cualquier razón (adv)	**po coś**	['pɔ ʦɔɕ]
y (p.ej. uno y medio)	**i**	[i]
o (p.ej. té o café)	**albo**	['aʎbɔ]
pero (p.ej. me gusta, ~)	**ale**	['ale]
para (p.ej. es para ti)	**dla**	[dʎa]
demasiado (adv)	**zbyt**	[zbɨt]
sólo, solamente (adv)	**tylko**	['tɨʎkɔ]
exactamente (adv)	**dokładnie**	[dɔk'wadne]
unos …, cerca de … (~ 10 kg)	**około**	[ɔ'kɔwɔ]
aproximadamente	**w przybliżeniu**	[f pʃɨbli'ʒɛny]
aproximado (adj)	**przybliżony**	[pʃɨbli'ʒɔnɨ]
casi (adv)	**prawie**	[prave]
resto (m)	**reszta** (ż)	['rɛʃta]
cada (adj)	**każdy**	['kaʒdɨ]
cualquier (adj)	**jakikolwiek**	[jaki'kɔʎvjek]
mucho (adv)	**dużo**	['duʒɔ]
muchos (mucha gente)	**wiele**	['vele]
todos	**wszystkie**	['fʃɨstke]
a cambio de …	**w zamian za …**	[v 'zamʲan za]
en cambio (adv)	**zamiast**	['zamʲast]
a mano (hecho ~)	**ręcznie**	['rɛnʧne]
poco probable	**ledwo, prawie**	['ledvɔ], ['pravje]
probablemente	**prawdopodobnie**	[pravdɔpɔ'dɔbne]
a propósito (adv)	**celowo**	[ʦɛ'lɔvɔ]
por accidente (adv)	**przypadkiem**	[pʃɨ'patkem]
muy (adv)	**bardzo**	['barʣɔ]
por ejemplo (adv)	**na przykład**	[na 'pʃɨkwat]
entre (~ nosotros)	**między**	['menʣɨ]
entre (~ otras cosas)	**wśród**	[fɕrut]
tanto (~ gente)	**aż tyle**	[aʒ 'tɨle]
especialmente (adv)	**szczególnie**	[ʃʧɛ'guʎne]

NÚMEROS. MISCELÁNEA

7. Números cardinales. Unidad 1
8. Números cardinales. Unidad 2
9. Números ordinales

T&P Books Publishing

7. Números cardinales. Unidad 1

cero	**zero**	['zɛrɔ]
uno	**jeden**	['edɛn]
dos	**dwa**	[dva]
tres	**trzy**	[ʧɨ]
cuatro	**cztery**	['ʧtɛrɨ]
cinco	**pięć**	[pɛ̃ʧ]
seis	**sześć**	[ʃɛɕʧ]
siete	**siedem**	['ɕedɛm]
ocho	**osiem**	['ɔɕem]
nueve	**dziewięć**	['ʤevɛ̃ʧ]
diez	**dziesięć**	['ʤeɕɛ̃ʧ]
once	**jedenaście**	[edɛ'naɕʧe]
doce	**dwanaście**	[dva'naɕʧe]
trece	**trzynaście**	[ʧɨ'naɕʧe]
catorce	**czternaście**	[ʧtɛr'naɕʧe]
quince	**piętnaście**	[pɛ̃t'naɕʧe]
dieciséis	**szesnaście**	[ʃɛs'naɕʧe]
diecisiete	**siedemnaście**	[ɕedɛm'naɕʧe]
dieciocho	**osiemnaście**	[ɔɕem'naɕʧe]
diecinueve	**dziewiętnaście**	[ʤevɛ̃t'naɕʧe]
veinte	**dwadzieścia**	[dva'ʤeɕʧʲa]
veintiuno	**dwadzieścia jeden**	[dva'ʤeɕʧʲa 'edɛn]
veintidós	**dwadzieścia dwa**	[dva'ʤeɕʧʲa dva]
veintitrés	**dwadzieścia trzy**	[dva'ʤeɕʧʲa ʧɨ]
treinta	**trzydzieści**	[ʧɨ'ʤeɕʧi]
treinta y uno	**trzydzieści jeden**	[ʧɨ'ʤeɕʧi 'edɛn]
treinta y dos	**trzydzieści dwa**	[ʧɨ'ʤeɕʧi dva]
treinta y tres	**trzydzieści trzy**	[ʧɨ'ʤeɕʧi ʧɨ]
cuarenta	**czterdzieści**	[ʧtɛr'ʤeɕʧi]
cuarenta y uno	**czterdzieści jeden**	[ʧtɛr'ʤeɕʧi 'edɛn]
cuarenta y dos	**czterdzieści dwa**	[ʧtɛr'ʤeɕʧi dva]
cuarenta y tres	**czterdzieści trzy**	[ʧtɛr'ʤeɕʧi ʧɨ]
cincuenta	**pięćdziesiąt**	[pɛ̃'ʤeɕɔ̃t]
cincuenta y uno	**pięćdziesiąt jeden**	[pɛ̃'ʤeɕɔ̃t 'edɛn]
cincuenta y dos	**pięćdziesiąt dwa**	[pɛ̃'ʤeɕɔ̃t dva]
cincuenta y tres	**pięćdziesiąt trzy**	[pɛ̃'ʤeɕɔ̃t ʧɨ]
sesenta	**sześćdziesiąt**	[ʃɛɕ'ʤeɕɔ̃t]

sesenta y uno	**sześćdziesiąt jeden**	[ʃɛɕ'ʤeɕɔ̃t 'edɛn]
sesenta y dos	**sześćdziesiąt dwa**	[ʃɛɕ'ʤeɕɔ̃t dva]
sesenta y tres	**sześćdziesiąt trzy**	[ʃɛɕ'ʤeɕɔ̃t ʧɨ]
setenta	**siedemdziesiąt**	[ɕedɛm'ʤeɕɔ̃t]
setenta y uno	**siedemdziesiąt jeden**	[ɕedɛm'ʤeɕɔ̃t 'edɛn]
setenta y dos	**siedemdziesiąt dwa**	[ɕedɛm'ʤeɕɔ̃t dva]
setenta y tres	**siedemdziesiąt trzy**	[ɕedɛm'ʤeɕɔ̃t ʧɨ]
ochenta	**osiemdziesiąt**	[ɔɕem'ʤeɕɔ̃t]
ochenta y uno	**osiemdziesiąt jeden**	[ɔɕem'ʤeɕɔ̃t 'edɛn]
ochenta y dos	**osiemdziesiąt dwa**	[ɔɕem'ʤeɕɔ̃t dva]
ochenta y tres	**osiemdziesiąt trzy**	[ɔɕem'ʤeɕɔ̃t ʧɨ]
noventa	**dziewięćdziesiąt**	[ʤevɛ̃'ʤeɕɔ̃t]
noventa y uno	**dziewięćdziesiąt jeden**	[ʤevɛ̃'ʤeɕɔ̃t edɛn]
noventa y dos	**dziewięćdziesiąt dwa**	[ʤevɛ̃'ʤeɕɔ̃t dva]
noventa y tres	**dziewięćdziesiąt trzy**	[ʤevɛ̃'ʤeɕɔ̃t ʧɨ]

8. Números cardinales. Unidad 2

cien	**sto**	[stɔ]
doscientos	**dwieście**	['dveɕʧe]
trescientos	**trzysta**	['ʧɨsta]
cuatrocientos	**czterysta**	['ʧtɛrɨsta]
quinientos	**pięćset**	['pɛ̃ʧsɛt]
seiscientos	**sześćset**	['ʃɛɕʧsɛt]
setecientos	**siedemset**	['ɕedɛmsɛt]
ochocientos	**osiemset**	[ɔ'ɕemsɛt]
novecientos	**dziewięćset**	['ʤevɛ̃ʧsɛt]
mil	**tysiąc**	['tɨɕɔ̃ʦ]
dos mil	**dwa tysiące**	[dva tɨɕɔ̃ʦɛ]
tres mil	**trzy tysiące**	[ʧɨ tɨɕɔ̃ʦɛ]
diez mil	**dziesięć tysięcy**	['ʤeɕɛ̃ʧ tɨ'ɕenʦɨ]
cien mil	**sto tysięcy**	[stɔ tɨ'ɕenʦɨ]
millón (m)	**milion**	['miʎjɔn]
mil millones	**miliard**	['miʎjart]

9. Números ordinales

primero (adj)	**pierwszy**	['perfʃɨ]
segundo (adj)	**drugi**	['drugi]
tercero (adj)	**trzeci**	['ʧɛʧi]
cuarto (adj)	**czwarty**	['ʧfartɨ]
quinto (adj)	**piąty**	[pɔ̃tɨ]
sexto (adj)	**szósty**	['ʃustɨ]

séptimo (adj)	**siódmy**	['ɕudmɨ]
octavo (adj)	**ósmy**	['usmɨ]
noveno (adj)	**dziewiąty**	[dʒevɔ̃tɨ]
décimo (adj)	**dziesiąty**	[dʒeɕɔ̃tɨ]

LOS COLORES. LAS UNIDADES DE MEDIDA

10. Los colores
11. Las unidades de medida
12. Contenedores

T&P Books Publishing

10. Los colores

color (m)	**kolor** (m)	['kɔlɜr]
matiz (m)	**odcień** (m)	['ɔtʧeɲ]
tono (m)	**ton** (m)	[tɔn]
arco (m) iris	**tęcza** (ż)	['tɛnʧa]
blanco (adj)	**biały**	['bʲawɨ]
negro (adj)	**czarny**	['ʧarnɨ]
gris (adj)	**szary**	['ʃarɨ]
verde (adj)	**zielony**	[ʒe'lɜnɨ]
amarillo (adj)	**żółty**	['ʒuwtɨ]
rojo (adj)	**czerwony**	[ʧɛr'vɔnɨ]
azul (adj)	**ciemny niebieski**	['ʧɛmnɨ ne'beski]
azul claro (adj)	**niebieski**	[ne'beski]
rosa (adj)	**różowy**	[ru'ʒɔvɨ]
naranja (adj)	**pomarańczowy**	[pɔmaraɲt'ʃɔvɨ]
violeta (adj)	**fioletowy**	[fʰɜle'tɔvɨ]
marrón (adj)	**brązowy**	[brɔ̃'zɔvɨ]
dorado (adj)	**złoty**	['zwɔtɨ]
argentado (adj)	**srebrzysty**	[srɛb'ʒɨstɨ]
beige (adj)	**beżowy**	[bɛ'ʒɔvɨ]
crema (adj)	**kremowy**	[krɛ'mɔvɨ]
turquesa (adj)	**turkusowy**	[turku'sɔvɨ]
rojo cereza (adj)	**wiśniowy**	[viɕ'nɜvɨ]
lila (adj)	**liliowy**	[li'ʎjɔvɨ]
carmesí (adj)	**malinowy**	[mali'nɔvɨ]
claro (adj)	**jasny**	['jasnɨ]
oscuro (adj)	**ciemny**	['ʧemnɨ]
vivo (adj)	**jasny**	['jasnɨ]
de color (lápiz ~)	**kolorowy**	[kɔlɜ'rɔvɨ]
en colores (película ~)	**kolorowy**	[kɔlɜ'rɔvɨ]
blanco y negro (adj)	**czarno-biały**	['ʧarnɔ 'bʲawɨ]
unicolor (adj)	**jednokolorowy**	['ednɔkɔlɜ'rɔvɨ]
multicolor (adj)	**różnokolorowy**	['ruʒnɔkɔlɜ'rɔvɨ]

11. Las unidades de medida

peso (m)	**ciężar** (m)	['ʧenʒar]
longitud (f)	**długość** (ż)	['dwugɔɕʧ]

anchura (f)	**szerokość** (ż)	[ʃɛ'rɔkɔɕʧ]
altura (f)	**wysokość** (ż)	[vɨ'sɔkɔɕʧ]
profundidad (f)	**głębokość** (ż)	[gwɛ̃'bɔkɔɕʧ]
volumen (m)	**objętość** (ż)	[ɔbʰ'entɔɕʧ]
área (f)	**powierzchnia** (ż)	[pɔ'veʃhɲa]
gramo (m)	**gram** (m)	[gram]
miligramo (m)	**miligram** (m)	[mi'ligram]
kilogramo (m)	**kilogram** (m)	[ki'lɜgram]
tonelada (f)	**tona** (ż)	['tɔna]
libra (f)	**funt** (m)	[funt]
onza (f)	**uncja** (ż)	['unʦʰja]
metro (m)	**metr** (m)	[mɛtr]
milímetro (m)	**milimetr** (m)	[mi'limɛtr]
centímetro (m)	**centymetr** (m)	[ʦɛn'tɨmɛtr]
kilómetro (m)	**kilometr** (m)	[ki'lɜmɛtr]
milla (f)	**mila** (ż)	['miʎa]
pulgada (f)	**cal** (m)	[ʦaʎ]
pie (m)	**stopa** (ż)	['stɔpa]
yarda (f)	**jard** (m)	['jart]
metro (m) cuadrado	**metr** (m) **kwadratowy**	[mɛtr kfadra'tɔvɨ]
hectárea (f)	**hektar** (m)	['hɛktar]
litro (m)	**litr** (m)	[litr]
grado (m)	**stopień** (m)	['stɔpeɲ]
voltio (m)	**wolt** (m)	[vɔʎt]
amperio (m)	**amper** (m)	[am'pɛr]
caballo (m) de fuerza	**koń** (m) **mechaniczny**	[kɔɲ mɛha'niʧnɨ]
cantidad (f)	**ilość** (ż)	['ilɜɕʧ]
un poco de ...	**niedużo ...**	[ne'duʒɔ]
mitad (f)	**połowa** (ż)	[pɔ'wɔva]
docena (f)	**tuzin** (m)	['tuʒin]
pieza (f)	**sztuka** (ż)	['ʃtuka]
dimensión (f)	**rozmiar** (m)	['rɔzmʲar]
escala (f) (del mapa)	**skala** (ż)	['skaʎa]
mínimo (adj)	**minimalny**	[mini'maʎnɨ]
el más pequeño (adj)	**najmniejszy**	[najm'nejʃɨ]
medio (adj)	**średni**	['ɕrɛdni]
máximo (adj)	**maksymalny**	[maksɨ'maʎnɨ]
el más grande (adj)	**największy**	[naj'veŋkʃɨ]

12. Contenedores

tarro (m) de vidrio	**słoik** (m)	['swɔik]
lata (f)	**puszka** (ż)	['puʃka]

cubo (m)	**wiadro** (n)	['vʲadrɔ]
barril (m)	**beczka** (ż)	['bɛʧka]
palangana (f)	**miednica** (ż)	[med'niʦa]
tanque (m)	**zbiornik** (m)	['zbɜrnik]
petaca (f) (de alcohol)	**piersiówka** (ż)	[per'ɕyvka]
bidón (m) de gasolina	**kanister** (m)	[ka'nistɛr]
cisterna (f)	**cysterna** (ż)	[ʦɨs'tɛrna]
taza (f) (mug de cerámica)	**kubek** (m)	['kubɛk]
taza (f) (~ de café)	**filiżanka** (ż)	[fili'ʒaŋka]
platillo (m)	**spodek** (m)	['spɔdɛk]
vaso (m) (~ de agua)	**szklanka** (ż)	['ʃkʎaŋka]
copa (f) (~ de vino)	**kielich** (m)	['kelih]
olla (f)	**garnek** (m)	['garnɛk]
botella (f)	**butelka** (ż)	[bu'tɛʎka]
cuello (m) de botella	**szyjka** (ż)	['ʃɨjka]
garrafa (f)	**karafka** (ż)	[ka'rafka]
jarro (m) (~ de agua)	**dzbanek** (m)	['ʣbanɛk]
recipiente (m)	**naczynie** (n)	[nat'ʃɨne]
tarro (m)	**garnek** (m)	['garnɛk]
florero (m)	**wazon** (m)	['vazɔn]
frasco (m) (~ de perfume)	**flakon** (m)	[fʎa'kɔn]
frasquito (m)	**fiolka** (ż)	[fʰɜʎka]
tubo (m)	**tubka** (ż)	['tupka]
saco (m) (~ de azúcar)	**worek** (m)	['vɔrɛk]
bolsa (f) (~ plástica)	**torba** (ż)	['tɔrba]
paquete (m) (~ de cigarrillos)	**paczka** (ż)	['paʧka]
caja (f)	**pudełko** (n)	[pu'dɛwkɔ]
cajón (m) (~ de madera)	**skrzynka** (ż)	['skʃɨŋka]
cesta (f)	**koszyk** (m)	['kɔʃɨk]

LOS VERBOS MÁS IMPORTANTES

13. Los verbos más importantes. Unidad 1
14. Los verbos más importantes. Unidad 2
15. Los verbos más importantes. Unidad 3
16. Los verbos más importantes. Unidad 4

T&P Books Publishing

13. Los verbos más importantes. Unidad 1

abrir (vt)	**otwierać**	[ɔt'feratʃ]
acabar, terminar (vt)	**kończyć**	['kɔɲtʃɨtʃ]
aconsejar (vt)	**radzić**	['radʒitʃ]
adivinar (vt)	**odgadnąć**	[ɔd'gadnɔ̃tʃ]
advertir (vt)	**ostrzegać**	[ɔst'ʃɛgatʃ]
alabarse, jactarse (vr)	**chwalić się**	['hfalitʃ ɕɛ̃]
almorzar (vi)	**jeść obiad**	[eɕtʃ 'ɔbʲat]
alquilar (~ una casa)	**wynajmować**	[vɨnaj'mɔvatʃ]
amenazar (vt)	**grozić**	['grɔʒitʃ]
arrepentirse (vr)	**żałować**	[ʒa'wɔvatʃ]
ayudar (vt)	**pomagać**	[pɔ'magatʃ]
bañarse (vr)	**kąpać się**	['kɔ̃patʃ ɕɛ̃]
bromear (vi)	**żartować**	[ʒar'tɔvatʃ]
buscar (vt)	**szukać**	['ʃukatʃ]
caer (vi)	**spadać**	['spadatʃ]
callarse (vr)	**milczeć**	['miʎtʃɛtʃ]
cambiar (vt)	**zmienić**	['zmenitʃ]
castigar, punir (vt)	**karać**	['karatʃ]
cavar (vt)	**kopać**	['kɔpatʃ]
cazar (vi, vt)	**polować**	[pɔ'lɜvatʃ]
cenar (vi)	**jeść kolację**	[eɕtʃ kɔ'ʎatsʰɛ̃]
cesar (vt)	**przestawać**	[pʃɛs'tavatʃ]
coger (vt)	**łowić**	['wɔvitʃ]
comenzar (vt)	**rozpoczynać**	[rɔspɔt'ʃɨnatʃ]
comparar (vt)	**porównywać**	[pɔruv'nɨvatʃ]
comprender (vt)	**rozumieć**	[rɔ'zumetʃ]
confiar (vt)	**ufać**	['ufatʃ]
confundir (vt)	**mylić**	['mɨlitʃ]
conocer (~ a alguien)	**znać**	[znatʃ]
contar (vt) (enumerar)	**liczyć**	['litʃɨtʃ]
contar con ...	**liczyć na ...**	['litʃɨtʃ na]
continuar (vt)	**kontynuować**	[kɔntɨnu'ɔvatʃ]
controlar (vt)	**kontrolować**	[kɔntrɔ'lɜvatʃ]
correr (vi)	**biec**	[bets]
costar (vt)	**kosztować**	[kɔʃ'tɔvatʃ]
crear (vt)	**stworzyć**	['stfɔʒɨtʃ]

14. Los verbos más importantes. Unidad 2

dar (vt)	**dawać**	['davatʃ]
dar una pista	**czynić aluzje**	['tʃɨnitʃ a'lyzʰe]
decir (vt)	**powiedzieć**	[pɔ'vedʒetʃ]
decorar (para la fiesta)	**ozdabiać**	[ɔz'dabʲatʃ]
defender (vt)	**bronić**	['brɔnitʃ]
dejar caer	**upuszczać**	[u'puʃtʃatʃ]
desayunar (vi)	**jeść śniadanie**	[eɕtʃ ɕɲa'dane]
descender (vi)	**schodzić**	['shɔdʒitʃ]
dirigir (administrar)	**kierować**	[ke'rɔvatʃ]
disculparse (vr)	**przepraszać**	[pʃɛp'raʃatʃ]
discutir (vt)	**omawiać**	[ɔ'mavʲatʃ]
dudar (vt)	**wątpić**	['võtpitʃ]
encontrar (hallar)	**znajdować**	[znaj'dɔvatʃ]
engañar (vi, vt)	**oszukiwać**	[ɔʃu'kivatʃ]
entrar (vi)	**wchodzić**	['fhɔdʒitʃ]
enviar (vt)	**wysyłać**	[vɨ'sɨwatʃ]
equivocarse (vr)	**mylić się**	['mɨlitʃ ɕɛ̃]
escoger (vt)	**wybierać**	[vɨ'beratʃ]
esconder (vt)	**chować**	['hɔvatʃ]
escribir (vt)	**pisać**	['pisatʃ]
esperar (aguardar)	**czekać**	['tʃɛkatʃ]
esperar (tener esperanza)	**mieć nadzieję**	[metʃ na'dʒeɛ̃]
estar de acuerdo	**zgadzać się**	['zgadzatʃ ɕɛ̃]
estudiar (vt)	**studiować**	[studʰɜvatʃ]
exigir (vt)	**zażądać**	[za'ʒõdatʃ]
existir (vi)	**istnieć**	['istnetʃ]
explicar (vt)	**objaśniać**	[ɔbʰ'jaɕɲatʃ]
faltar (a las clases)	**opuszczać**	[ɔ'puʃtʃatʃ]
firmar (~ el contrato)	**podpisywać**	[pɔtpi'sɨvatʃ]
girar (~ a la izquierda)	**skręcać**	['skrɛntsatʃ]
gritar (vi)	**krzyczeć**	['kʃɨtʃɛtʃ]
guardar (conservar)	**zachowywać**	[zahɔ'vɨvatʃ]
gustar (vi)	**podobać się**	[pɔ'dɔbatʃ ɕɛ̃]
hablar (vi, vt)	**rozmawiać**	[rɔz'mavʲatʃ]
hacer (vt)	**robić**	['rɔbitʃ]
informar (vt)	**informować**	[infɔr'mɔvatʃ]
insistir (vi)	**nalegać**	[na'legatʃ]
insultar (vt)	**znieważać**	[zne'vaʒatʃ]
interesarse (vr)	**interesować się**	[intɛrɛ'sɔvatʃ ɕɛ̃]
invitar (vt)	**zapraszać**	[zap'raʃatʃ]

ir (a pie)	**iść**	[içtʃ]
jugar (divertirse)	**grać**	[gratʃ]

15. Los verbos más importantes. Unidad 3

leer (vi, vt)	**czytać**	['tʃɨtatʃ]
liberar (ciudad, etc.)	**wyzwalać**	[vɨz'vaʎatʃ]
llamar (por ayuda)	**wołać**	['vɔwatʃ]
llegar (vi)	**przyjeżdżać**	[pʃɨ'eʒdʒatʃ]
llorar (vi)	**płakać**	['pwakatʃ]
matar (vt)	**zabijać**	[za'bijatʃ]
mencionar (vt)	**wspominać**	[fspɔ'minatʃ]
mostrar (vt)	**pokazywać**	[pɔka'zɨvatʃ]
nadar (vi)	**pływać**	['pwɨvatʃ]
negarse (vr)	**odmawiać**	[ɔd'mavʲatʃ]
objetar (vt)	**sprzeciwiać się**	[spʃɛ'tʃivʲatʃ çɛ̃]
observar (vt)	**obserwować**	[ɔbsɛr'vɔvatʃ]
oír (vt)	**słyszeć**	['swɨʃɛtʃ]
olvidar (vt)	**zapominać**	[zapɔ'minatʃ]
orar (vi)	**modlić się**	['mɔdlitʃ çɛ̃]
ordenar (mil.)	**rozkazywać**	[rɔska'zɨvatʃ]
pagar (vi, vt)	**płacić**	['pwatʃitʃ]
pararse (vr)	**zatrzymywać się**	[zatʃɨ'mɨvatʃ çɛ̃]
participar (vi)	**uczestniczyć**	[utʃɛst'nitʃɨtʃ]
pedir (ayuda, etc.)	**prosić**	['prɔçitʃ]
pedir (en restaurante)	**zamawiać**	[za'mavʲatʃ]
pensar (vi, vt)	**myśleć**	['mɨçletʃ]
percibir (ver)	**zauważać**	[zau'vaʒatʃ]
perdonar (vt)	**przebaczać**	[pʃɛ'batʃatʃ]
permitir (vt)	**zezwalać**	[zɛz'vaʎatʃ]
pertenecer a …	**należeć**	[na'leʒɛtʃ]
planear (vt)	**planować**	[pʎa'nɔvatʃ]
poder (v aux)	**móc**	[muts]
poseer (vt)	**posiadać**	[pɔ'çadatʃ]
preferir (vt)	**woleć**	['vɔletʃ]
preguntar (vt)	**pytać**	['pɨtatʃ]
preparar (la cena)	**gotować**	[gɔ'tɔvatʃ]
prever (vt)	**przewidzieć**	[pʃɛ'vidʒetʃ]
probar, tentar (vt)	**próbować**	[pru'bɔvatʃ]
prometer (vt)	**obiecać**	[ɔ'betsatʃ]
pronunciar (vt)	**wymawiać**	[vɨ'mavʲatʃ]
proponer (vt)	**proponować**	[prɔpɔ'nɔvatʃ]
quebrar (vt)	**psuć**	[psutʃ]

quejarse (vr)	**skarżyć się**	['skarʒɨʧ ɕɛ̃]
querer (amar)	**kochać**	['kɔhaʧ]
querer (desear)	**chcieć**	[hʧeʧ]

16. Los verbos más importantes. Unidad 4

recomendar (vt)	**polecać**	[pɔ'leʦaʧ]
regañar, reprender (vt)	**besztać**	['bɛʃtaʧ]
reírse (vr)	**śmiać się**	['ɕmʲaʧ ɕɛ̃]
repetir (vt)	**powtarzać**	[pɔf'taʒaʧ]
reservar (~ una mesa)	**rezerwować**	[rɛzɛr'vɔvaʧ]
responder (vi, vt)	**odpowiadać**	[ɔtpɔ'vʲadaʧ]
robar (vt)	**kraść**	[kraɕʧ]
saber (~ algo mas)	**wiedzieć**	['veʤeʧ]
salir (vi)	**wychodzić**	[vɨ'hɔʤiʧ]
salvar (vt)	**ratować**	[ra'tɔvaʧ]
seguir ...	**podążać**	[pɔ'dɔ̃ʒaʧ]
sentarse (vr)	**siadać**	['ɕadaʧ]
ser necesario	**być potrzebnym**	[bɨʧ pɔt'ʃɛbnɨm]
ser, estar (vi)	**być**	[bɨʧ]
significar (vt)	**znaczyć**	['znaʧɨʧ]
sonreír (vi)	**uśmiechać się**	[uɕ'mehaʧ ɕɛ̃]
sorprenderse (vr)	**dziwić się**	['ʤiviʧ ɕɛ̃]
subestimar (vt)	**nie doceniać**	[nedɔ'ʦɛɲaʧ]
tener (vt)	**mieć**	[meʧ]
tener hambre	**chcieć jeść**	[hʧeʧ eɕʧ]
tener miedo	**bać się**	[baʧ ɕɛ̃]
tener prisa	**śpieszyć się**	['ɕpeʃɨʧ ɕɛ̃]
tener sed	**chcieć pić**	[hʧeʧ piʧ]
tirar, disparar (vi)	**strzelać**	['stʃɛʎaʧ]
tocar (con las manos)	**dotykać**	[dɔ'tɨkaʧ]
tomar (vt)	**brać**	[braʧ]
tomar nota	**zapisywać**	[zapi'sɨvaʧ]
trabajar (vi)	**pracować**	[pra'ʦɔvaʧ]
traducir (vt)	**tłumaczyć**	[twu'maʧɨʧ]
unir (vt)	**łączyć**	['wɔ̃ʧɨʧ]
vender (vt)	**sprzedawać**	[spʃɛ'davaʧ]
ver (vt)	**widzieć**	['viʤeʧ]
volar (pájaro, avión)	**lecieć**	['leʧeʧ]

LA HORA. EL CALENDARIO

17. Los días de la semana
18. Las horas. El día y la noche
19. Los meses. Las estaciones

T&P Books Publishing

17. Los días de la semana

lunes (m)	**poniedziałek** (m)	[pɔne'ʤʲawɛk]
martes (m)	**wtorek** (m)	['ftɔrɛk]
miércoles (m)	**środa** (ż)	['ɕrɔda]
jueves (m)	**czwartek** (m)	['ʧfartɛk]
viernes (m)	**piątek** (m)	[pɔ̃tɛk]
sábado (m)	**sobota** (ż)	[sɔ'bɔta]
domingo (m)	**niedziela** (ż)	[ne'ʤeʎa]
hoy (adv)	**dzisiaj**	['ʤiɕaj]
mañana (adv)	**jutro**	['jutrɔ]
pasado mañana	**pojutrze**	[pɔ'juʧɛ]
ayer (adv)	**wczoraj**	['fʧɔraj]
anteayer (adv)	**przedwczoraj**	[pʃɛtft'ʃɔraj]
día (m)	**dzień** (m)	[ʤeɲ]
día (m) de trabajo	**dzień** (m) **roboczy**	[ʤeɲ rɔ'bɔʧɨ]
día (m) de fiesta	**dzień** (m) **świąteczny**	[ʤeɲ ɕfɔ̃'tɛʧnɨ]
día (m) de descanso	**dzień** (m) **wolny**	[ʤeɲ 'vɔʎnɨ]
fin (m) de semana	**weekend** (m)	[u'ikɛnt]
todo el día	**cały dzień**	['ʦawɨ ʤeɲ]
al día siguiente	**następnego dnia**	[nastɛ̃p'nɛgɔ dɲa]
dos días atrás	**dwa dni temu**	[dva dni 'tɛmu]
en vísperas (adv)	**w przeddzień**	[f 'pʃɛdʤeɲ]
diario (adj)	**codzienny**	[ʦɔ'ʤeŋɨ]
cada día (adv)	**codziennie**	[ʦɔ'ʤeŋe]
semana (f)	**tydzień** (m)	['tɨʤeɲ]
semana (f) pasada	**w zeszłym tygodniu**	[v 'zɛʃwɨm tɨ'gɔdny]
semana (f) que viene	**w następnym tygodniu**	[v nas'tɛ̃pnɨm tɨ'gɔdny]
semanal (adj)	**tygodniowy**	[tɨgɔd'nɜvɨ]
cada semana (adv)	**co tydzień**	[ʦɔ tɨ'ʤɛɲ]
2 veces por semana	**dwa razy w tygodniu**	[dva 'razɨ v tɨ'gɔdny]
todos los martes	**co wtorek**	[ʦɔ 'ftɔrek]

18. Las horas. El día y la noche

mañana (f)	**ranek** (m)	['ranɛk]
por la mañana	**rano**	['ranɔ]
mediodía (m)	**południe** (n)	[pɔ'wudne]
por la tarde	**po południu**	[pɔ pɔ'wudny]
noche (f)	**wieczór** (m)	['veʧur]

por la noche	**wieczorem**	[vet'ʃɔrɛm]
noche (f) (p.ej. 2:00 a.m.)	**noc** (ż)	[nɔʦ]
por la noche	**w nocy**	[v 'nɔʦɨ]
medianoche (f)	**północ** (ż)	['puwnɔʦ]
segundo (m)	**sekunda** (ż)	[sɛ'kunda]
minuto (m)	**minuta** (ż)	[mi'nuta]
hora (f)	**godzina** (ż)	[gɔ'ʤina]
media hora (f)	**pół godziny**	[puw gɔ'ʤinɨ]
cuarto (m) de hora	**kwadrans** (m)	['kfadrans]
quince minutos	**piętnaście minut**	[pɛ̃t'naɕʧe 'minut]
veinticuatro horas	**doba** (ż)	['dɔba]
salida (f) del sol	**wschód** (m) **słońca**	[fshut 'swɔɲʦa]
amanecer (m)	**świt** (m)	[ɕfit]
madrugada (f)	**wczesny ranek** (m)	['fʧɛsnɨ 'ranɛk]
puesta (f) del sol	**zachód** (m)	['zahut]
de madrugada	**wcześnie rano**	['fʧɛɕne 'ranɔ]
esta mañana	**dzisiaj rano**	['ʤiɕaj 'ranɔ]
mañana por la mañana	**jutro rano**	['jutrɔ 'ranɔ]
esta tarde	**dzisiaj w dzień**	['ʤiɕaj v ʤeɲ]
por la tarde	**po południu**	[pɔ pɔ'wudny]
mañana por la tarde	**jutro popołudniu**	[jutrɔ pɔpɔ'wudny]
esta noche (p.ej. 8:00 p.m.)	**dzisiaj wieczorem**	[ʤiɕaj vet'ʃɔrɛm]
mañana por la noche	**jutro wieczorem**	['jutrɔ vet'ʃɔrɛm]
a las tres en punto	**równo o trzeciej**	['ruvnɔ ɔ 'ʧɛʧej]
a eso de las cuatro	**około czwartej**	[ɔ'kɔwɔ 'ʧfartɛj]
para las doce	**na dwunastą**	[na dvu'nastɔ̃]
dentro de veinte minutos	**za dwadzieścia minut**	[za dva'ʤeɕʧʲa 'minut]
dentro de una hora	**za godzinę**	[za gɔ'ʤinɛ̃]
a tiempo (adv)	**na czas**	[na ʧas]
... menos cuarto	**za kwadrans**	[za 'kfadrans]
durante una hora	**w ciągu godziny**	[f ʧɔ̃gu gɔ'ʤinɨ]
cada quince minutos	**co piętnaście minut**	[ʦɔ pɛ̃t'naɕʧe 'minut]
día y noche	**całą dobę**	['ʦawɔ̃ 'dɔbɛ̃]

19. Los meses. Las estaciones

enero (m)	**styczeń** (m)	['stɨʧɛɲ]
febrero (m)	**luty** (m)	['lytɨ]
marzo (m)	**marzec** (m)	['maʒɛʦ]
abril (m)	**kwiecień** (m)	['kfeʧeɲ]
mayo (m)	**maj** (m)	[maj]

junio (m)	**czerwiec** (m)	['ʧɛrvets]
julio (m)	**lipiec** (m)	['lipets]
agosto (m)	**sierpień** (m)	['ɕerpeɲ]
septiembre (m)	**wrzesień** (m)	['vʒɛɕeɲ]
octubre (m)	**październik** (m)	[paʑ'ʤernik]
noviembre (m)	**listopad** (m)	[lis'tɔpat]
diciembre (m)	**grudzień** (m)	['gruʤeɲ]
primavera (f)	**wiosna** (ż)	['vɜsna]
en primavera	**wiosną**	['vɜsnɔ̃]
de primavera (adj)	**wiosenny**	[vɜ'sɛŋɨ]
verano (m)	**lato** (n)	['ʎatɔ]
en verano	**latem**	['ʎatɛm]
de verano (adj)	**letni**	['letni]
otoño (m)	**jesień** (ż)	['eɕeɲ]
en otoño	**jesienią**	[e'ɕenɔ̃]
de otoño (adj)	**jesienny**	[e'ɕeŋɨ]
invierno (m)	**zima** (ż)	['ʒima]
en invierno	**zimą**	['ʒimɔ̃]
de invierno (adj)	**zimowy**	[ʒi'mɔvɨ]
mes (m)	**miesiąc** (m)	['meɕɔ̃ts]
este mes	**w tym miesiącu**	[f tɨm me'ɕɔ̃tsu]
al mes siguiente	**w przyszłym miesiącu**	[v 'pʃɨsʃwɨm me'ɕɔ̃tsu]
el mes pasado	**w zeszłym miesiącu**	[v 'zɛʃwɨm me'ɕɔ̃tsu]
hace un mes	**miesiąc temu**	['meɕɔ̃ts 'tɛmu]
dentro de un mes	**za miesiąc**	[za 'meɕɔ̃ts]
dentro de dos meses	**za dwa miesiące**	[za dva me'ɕɔ̃tse]
todo el mes	**przez cały miesiąc**	[pʃɛs 'tsawɨ 'meɕɔ̃ts]
todo un mes	**cały miesiąc**	['tsawɨ 'meɕɔ̃ts]
mensual (adj)	**comiesięczny**	[tsɔme'ɕenʧnɨ]
mensualmente (adv)	**comiesięcznie**	[tsɔme'ɕenʧne]
cada mes	**co miesiąc**	[tsɔ 'meɕɔ̃ts]
dos veces por mes	**dwa razy w miesiącu**	[dva 'razɨ v meɕɔ̃tsu]
año (m)	**rok** (m)	[rɔk]
este año	**w tym roku**	[f tɨm 'rɔku]
el próximo año	**w przyszłym roku**	[v 'pʃɨsʃwɨm 'rɔku]
el año pasado	**w zeszłym roku**	[v 'zɛʃwɨm 'rɔku]
hace un año	**rok temu**	[rɔk 'tɛmu]
dentro de un año	**za rok**	[za rɔk]
dentro de dos años	**za dwa lata**	[za dva 'ʎata]
todo el año	**cały rok**	['tsawɨ rɔk]
todo un año	**cały rok**	['tsawɨ rɔk]
cada año	**co roku**	[tsɔ 'rɔku]
anual (adj)	**coroczny**	[tsɔ'rɔʧnɨ]

anualmente (adv)	**corocznie**	[ʦɔ'rɔʧne]
cuatro veces por año	**cztery razy w roku**	['ʧtɛrɨ 'razɨ v 'rɔku]
fecha (f) (la ~ de hoy es …)	**data** (ż)	['data]
fecha (f) (~ de entrega)	**data** (ż)	['data]
calendario (m)	**kalendarz** (m)	[ka'lendaʃ]
medio año (m)	**pół roku**	[puw 'rɔku]
seis meses	**półrocze** (n)	[puw'rɔʧɛ]
estación (f)	**sezon** (m)	['sɛzɔn]
siglo (m)	**wiek** (m)	[vek]

EL VIAJE. EL HOTEL

20. Las vacaciones. El viaje
21. El hotel
22. El turismo. La excursión

T&P Books Publishing

20. Las vacaciones. El viaje

turismo (m)	**turystyka** (ż)	[tu'ristika]
turista (m)	**turysta** (m)	[tu'rista]
viaje (m)	**podróż** (ż)	['podruʃ]
aventura (f)	**przygoda** (ż)	[pʃi'goda]
viaje (m) (p.ej. ~ en coche)	**podróż** (ż)	['podruʃ]
vacaciones (f pl)	**urlop** (m)	['urlɔp]
estar de vacaciones	**być na urlopie**	[bitʃ na ur'lɔpe]
descanso (m)	**wypoczynek** (m)	[vipɔt'ʃinɛk]
tren (m)	**pociąg** (m)	['pɔtʃɔ̃k]
en tren	**pociągiem**	[pɔtʃɔ̃gem]
avión (m)	**samolot** (m)	[sa'mɔlɔt]
en avión	**samolotem**	[samɔ'lɔtɛm]
en coche	**samochodem**	[samɔ'hɔdɛm]
en barco	**statkiem**	['statkem]
equipaje (m)	**bagaż** (m)	['bagaʃ]
maleta (f)	**walizka** (ż)	[va'liska]
carrito (m) de equipaje	**wózek** (m) **bagażowy**	['vuzɛk baga'ʒɔvi]
pasaporte (m)	**paszport** (m)	['paʃpɔrt]
visado (m)	**wiza** (ż)	['viza]
billete (m)	**bilet** (m)	['bilet]
billete (m) de avión	**bilet** (m) **lotniczy**	['bilet lɔt'nitʃi]
guía (f) (libro)	**przewodnik** (m)	[pʃɛ'vɔdnik]
mapa (m)	**mapa** (ż)	['mapa]
área (f) (~ rural)	**miejscowość** (ż)	[mejs'tsɔvɔɕtʃ]
lugar (m)	**miejsce** (n)	['mejstsɛ]
exotismo (m)	**egzotyka** (ż)	[ɛg'zɔtika]
exótico (adj)	**egzotyczny**	[ɛgzɔ'titʃni]
asombroso (adj)	**zadziwiający**	[zadʒivjaɔ̃tsi]
grupo (m)	**grupa** (ż)	['grupa]
excursión (f)	**wycieczka** (ż)	[vi'tʃetʃka]
guía (m) (persona)	**przewodnik** (ż)	[pʃɛ'vɔdnik]

21. El hotel

hotel (m)	**hotel** (m)	['hɔtɛʎ]
motel (m)	**motel** (m)	['mɔtɛʎ]

de tres estrellas	**trzy gwiazdki**	[tʃɨ 'gvʲaztki]
de cinco estrellas	**pięć gwiazdek**	[pɛ̃tʃ 'gvʲazdɛk]
hospedarse (vr)	**zatrzymać się**	[zat'ʃɨmatʃ ɕɛ̃]
habitación (f)	**pokój** (m)	['pɔkuj]
habitación (f) individual	**pokój** (m) **jednoosobowy**	['pɔkuj ednɔ:sɔ'bɔvɨ]
habitación (f) doble	**pokój** (m) **dwuosobowy**	['pɔkuj dvuɔsɔ'bɔvɨ]
reservar una habitación	**rezerwować pokój**	[rɛzɛr'vɔvatʃ 'pɔkuj]
media pensión (f)	**wyżywienie** (n) **Half Board**	[vɨʒɨ'vene haf bɔrd]
pensión (f) completa	**pełne** (n) **wyżywienie**	['pɛwnɛ vɨʒɨvi'ene]
con baño	**z łazienką**	[z wa'ʒenkɔ̃]
con ducha	**z prysznicem**	[z prɨʃ'nitsɛm]
televisión (f) satélite	**telewizja** (ż) **satelitarna**	[tɛle'vizʰja satɛli'tarna]
climatizador (m)	**klimatyzator** (m)	[klimatɨ'zatɔr]
toalla (f)	**ręcznik** (m)	['rɛntʃnik]
llave (f)	**klucz** (m)	[klytʃ]
administrador (m)	**administrator** (m)	[administ'ratɔr]
camarera (f)	**pokojówka** (ż)	[pɔkɔ'jufka]
maletero (m)	**tragarz** (m)	['tragaʃ]
portero (m)	**odźwierny** (m)	[ɔd'vjernɨ]
restaurante (m)	**restauracja** (ż)	[rɛstau'ratsʰja]
bar (m)	**bar** (m)	[bar]
desayuno (m)	**śniadanie** (n)	[ɕɲa'dane]
cena (f)	**kolacja** (ż)	[kɔ'ʎatsʰja]
buffet (m) libre	**szwedzki stół** (m)	['ʃfɛtski stuw]
ascensor (m)	**winda** (ż)	['vinda]
NO MOLESTAR	**NIE PRZESZKADZAĆ**	[ne pʃɛʃ'kadzatʃ]
PROHIBIDO FUMAR	**ZAKAZ PALENIA!**	['zakas pa'leɲa]

22. El turismo. La excursión

monumento (m)	**pomnik** (m)	['pɔmnik]
fortaleza (f)	**twierdza** (ż)	['tferdza]
palacio (m)	**pałac** (m)	['pawats]
castillo (m)	**zamek** (m)	['zamɛk]
torre (f)	**wieża** (ż)	['veʒa]
mausoleo (m)	**mauzoleum** (n)	[mauzɔ'leum]
arquitectura (f)	**architektura** (ż)	[arhitɛk'tura]
medieval (adj)	**średniowieczny**	[ɕrɛdnɜ'vetʃnɨ]
antiguo (adj)	**zabytkowy**	[zabɨt'kɔvɨ]
nacional (adj)	**narodowy**	[narɔ'dɔvɨ]
conocido (adj)	**znany**	['znanɨ]
turista (m)	**turysta** (m)	[tu'rɨsta]
guía (m) (persona)	**przewodnik** (m)	[pʃɛ'vɔdnik]

excursión (f)	**wycieczka** (ż)	[vɨ'ʧetʃka]
mostrar (vt)	**pokazywać**	[pɔka'zɨvaʧ]
contar (una historia)	**opowiadać**	[ɔpɔ'vʲadaʧ]
encontrar (hallar)	**znaleźć**	['znaleɕʧ]
perderse (vr)	**zgubić się**	['zgubiʧ ɕɛ̃]
plano (m) (~ de metro)	**plan** (m)	[pʎan]
mapa (m) (~ de la ciudad)	**plan** (m)	[pʎan]
recuerdo (m)	**pamiątka** (ż)	[pamɔ̃tka]
tienda (f) de regalos	**sklep** (m) **z upominkami**	[sklep s upɔmi'ŋkami]
hacer fotos	**robić zdjęcia**	['rɔbiʧ 'zdʰɛ̃ʧa]
fotografiarse (vr)	**fotografować się**	[fɔtɔgra'fɔvaʧ ɕɛ̃]

EL TRANSPORTE

23. El aeropuerto
24. El avión
25. El tren
26. El barco

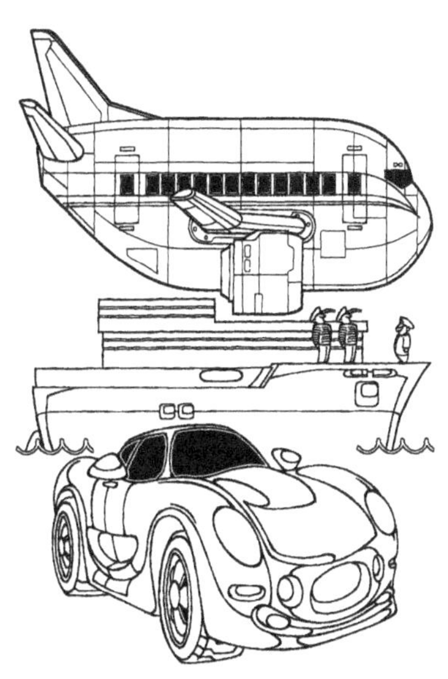

T&P Books Publishing

23. El aeropuerto

aeropuerto (m)	**port** (m) **lotniczy**	[pɔrt lɜt'nitʃɨ]
avión (m)	**samolot** (m)	[sa'mɔlɜt]
compañía (f) aérea	**linie** (l.mn.) **lotnicze**	['liɲje lɜt'nitʃɛ]
controlador (m) aéreo	**kontroler** (m) **lotów**	[kɔnt'rɔler 'lɜtuf]
despegue (m)	**odlot** (m)	['ɔdlɜt]
llegada (f)	**przylot** (m)	['pʃɨlɜt]
llegar (en avión)	**przylecieć**	[pʃɨ'letʃetʃ]
hora (f) de salida	**godzina** (ż) **odlotu**	[gɔ'dʒina ɔd'lɜtu]
hora (f) de llegada	**godzina** (ż) **przylotu**	[gɔ'dʒina pʃɨ'lɜtu]
retrasarse (vr)	**opóźniać się**	[ɔ'puʑʲɲatʃ ɕɛ̃]
retraso (m) de vuelo	**opóźnienie** (n) **odlotu**	[ɔpuʑʲ'nene ɔd'lɜtu]
pantalla (f) de información	**tablica** (ż) **informacyjna**	[tab'litsa infɔrma'tsɨjna]
información (f)	**informacja** (ż)	[infɔr'matsʰja]
anunciar (vt)	**ogłaszać**	[ɔg'waʃatʃ]
vuelo (m)	**lot** (m)	['lɜt]
aduana (f)	**urząd** (m) **celny**	['uʒɔ̃t 'tsɛʎnɨ]
aduanero (m)	**celnik** (m)	['tsɛʎnik]
declaración (f) de aduana	**deklaracja** (ż)	[dɛkʎa'ratsʰja]
rellenar la declaración	**wypełnić deklarację**	[vɨ'pɛwnitʃ dɛkʎa'ratsʰɛ̃]
control (m) de pasaportes	**odprawa** (ż) **paszportowa**	[ɔtp'rava paʃpɔr'tɔva]
equipaje (m)	**bagaż** (m)	['bagaʃ]
equipaje (m) de mano	**bagaż** (m) **podręczny**	['bagaʃ pɔd'rɛntʃnɨ]
carrito (m) de equipaje	**wózek** (m) **bagażowy**	['vuzɛk baga'ʒɔvɨ]
aterrizaje (m)	**lądowanie** (n)	[lɔ̃dɔ'vane]
pista (f) de aterrizaje	**pas** (m) **startowy**	[pas star'tɔvɨ]
aterrizar (vi)	**lądować**	[lɔ̃'dɔvatʃ]
escaleras (f pl) (de avión)	**schody** (l.mn.) **do samolotu**	['shɔdɨ dɔ samɔ'lɜtu]
facturación (f) (check-in)	**odprawa** (ż) **biletowa**	[ɔtp'rava bile'tɔva]
mostrador (m) de facturación	**stanowisko** (n) **odprawy**	[stanɔ'viskɔ ɔtp'ravɨ]
hacer el check-in	**zgłosić się do odprawy**	['zgwɔɕitʃ ɕɛ̃ dɔ ɔtp'ravɨ]
tarjeta (f) de embarque	**karta** (ż) **pokładowa**	['karta pɔkwa'dɔva]
puerta (f) de embarque	**wyjście** (n) **do odprawy**	['vijɕtʃe dɔ ɔtp'ravɨ]
tránsito (m)	**tranzyt** (m)	['tranzɨt]
esperar (aguardar)	**czekać**	['tʃɛkatʃ]

zona (f) de preembarque	**poczekalnia** (ż)	[pɔʧɛ'kaʎɲa]
despedir (vt)	**odprowadzać**	[ɔtprɔ'vaʤaʧ]
despedirse (vr)	**żegnać się**	['ʒɛgnaʧ ɕɛ̃]

24. El avión

avión (m)	**samolot** (m)	[sa'mɔlɔt]
billete (m) de avión	**bilet** (m) **lotniczy**	['bilet lɔt'niʧɨ]
compañía (f) aérea	**linie** (l.mn.) **lotnicze**	['liɲje lɔt'niʧɛ]
aeropuerto (m)	**port** (m) **lotniczy**	[pɔrt lɔt'niʧɨ]
supersónico (adj)	**ponaddźwiękowy**	[pɔnadʤʲvɛ̃'kɔvɨ]
comandante (m)	**kapitan** (m) **statku**	[ka'pitan 'statku]
tripulación (f)	**załoga** (ż)	[za'wɔga]
piloto (m)	**pilot** (m)	['pilɔt]
azafata (f)	**stewardessa** (ż)	[stʰjuar'dɛsa]
navegador (m)	**nawigator** (m)	[navi'gatɔr]
alas (f pl)	**skrzydła** (l.mn.)	['skʃɨdwa]
cola (f)	**ogon** (m)	['ɔgɔn]
cabina (f)	**kabina** (ż)	[ka'bina]
motor (m)	**silnik** (m)	['ɕiʎnik]
tren (m) de aterrizaje	**podwozie** (n)	[pɔd'vɔʒe]
turbina (f)	**turbina** (ż)	[tur'bina]
hélice (f)	**śmigło** (n)	['ɕmigwɔ]
caja (f) negra	**czarna skrzynka** (ż)	['ʧarna 'skʃɨŋka]
timón (m)	**wolant** (m)	['vɔʎant]
combustible (m)	**paliwo** (n)	[pa'livɔ]
instructivo (m) de seguridad	**instrukcja** (ż)	[inst'ruktsʰja]
respirador (m) de oxígeno	**maska** (ż) **tlenowa**	['maska tle'nɔva]
uniforme (m)	**uniform** (m)	[u'nifɔrm]
chaleco (m) salvavidas	**kamizelka** (ż) **ratunkowa**	[kami'zɛʎka ratu'ŋkɔva]
paracaídas (m)	**spadochron** (m)	[spa'dɔhrɔn]
despegue (m)	**start** (m)	[start]
despegar (vi)	**startować**	[star'tɔvaʧ]
pista (f) de despegue	**pas** (m) **startowy**	[pas star'tɔvɨ]
visibilidad (f)	**widoczność** (ż)	[vi'dɔʧnɔɕʧ]
vuelo (m)	**lot** (m)	['lɔt]
altura (f)	**wysokość** (ż)	[vɨ'sɔkɔɕʧ]
pozo (m) de aire	**dziura** (ż) **powietrzna**	['ʤyra pɔ'vetʃna]
asiento (m)	**miejsce** (n)	['mejstsɛ]
auriculares (m pl)	**słuchawki** (l.mn.)	[swu'hafki]
mesita (f) plegable	**stolik** (m) **rozkładany**	['stɔlik rɔskwa'danɨ]
ventana (f)	**iluminator** (m)	[ilymi'natɔr]
pasillo (m)	**przejście** (n)	['pʃɛjɕʧe]

25. El tren

tren (m)	**pociąg** (m)	['pɔʧɔ̃k]
tren (m) de cercanías	**pociąg** (m) **podmiejski**	['pɔʧɔ̃k pɔd'mejski]
tren (m) rápido	**pociąg** (m) **pośpieszny**	['pɔʧɔ̃k pɔɕ'peʃnɨ]
locomotora (f) diésel	**lokomotywa** (ż)	[lɜkɔmɔ'tɨva]
tren (m) de vapor	**parowóz** (m)	[pa'rɔvus]
coche (m)	**wagon** (m)	['vagɔn]
coche (m) restaurante	**wagon** (m) **restauracyjny**	['vagɔn rɛstaura'ʦɨjnɨ]
rieles (m pl)	**szyny** (l.mn.)	['ʃɨnɨ]
ferrocarril (m)	**kolej** (ż)	['kɔlej]
traviesa (f)	**podkład** (m)	['pɔtkwat]
plataforma (f)	**peron** (m)	['pɛrɔn]
vía (f)	**tor** (m)	[tɔr]
semáforo (m)	**semafor** (m)	[sɛ'mafɔr]
estación (f)	**stacja** (ż)	['staʦʰja]
maquinista (m)	**maszynista** (m)	[maʃɨ'nista]
maletero (m)	**tragarz** (m)	['tragaʃ]
mozo (m) del vagón	**konduktor** (m)	[kɔn'duktɔr]
pasajero (m)	**pasażer** (m)	[pa'saʒɛr]
revisor (m)	**kontroler** (m)	[kɔnt'rɔler]
corredor (m)	**korytarz** (m)	[kɔ'rɨtaʃ]
freno (m) de urgencia	**hamulec** (m) **bezpieczeństwa**	[ha'mulets bɛzpet'ʃɛɲstfa]
compartimiento (m)	**przedział** (m)	['pʃɛʤʲaw]
litera (f)	**łóżko** (n)	['wuʃkɔ]
litera (f) de arriba	**łóżko** (n) **górne**	['wuʃkɔ 'gurnɛ]
litera (f) de abajo	**łóżko** (n) **dolne**	['wuʃkɔ 'dɔʎnɛ]
ropa (f) de cama	**pościel** (ż)	['pɔɕʧeʎ]
billete (m)	**bilet** (m)	['bilet]
horario (m)	**rozkład** (m) **jazdy**	['rɔskwad 'jazdɨ]
pantalla (f) de información	**tablica** (ż) **informacyjna**	[tab'liʦa infɔrma'ʦɨjna]
partir (vi)	**odjeżdżać**	[ɔdʰ'eʒʤaʧ]
partida (f) (del tren)	**odjazd** (m)	['ɔdʰjast]
llegar (tren)	**wjeżdżać**	['vʰeʒʤaʧ]
llegada (f)	**przybycie** (n)	[pʃɨ'bɨʧe]
llegar en tren	**przyjechać pociągiem**	[pʃɨ'ehaʧ pɔʧɔ̃gem]
tomar el tren	**wsiąść do pociągu**	[fɕɔ̃ʲɕʧ dɔ pɔʧɔ̃gu]
bajar del tren	**wysiąść z pociągu**	['vɨɕɔ̃ʲɕʧ s pɔʧɔ̃gu]
descarrilamiento (m)	**katastrofa** (ż)	[katast'rɔfa]
tren (m) de vapor	**parowóz** (m)	[pa'rɔvus]

fogonero (m)	**palacz** (m)	['paʎatʃ]
hogar (m)	**palenisko** (n)	[pale'niskɔ]
carbón (m)	**węgiel** (m)	['vɛŋeʎ]

26. El barco

barco, buque (m)	**statek** (m)	['statɛk]
navío (m)	**okręt** (m)	['ɔkrɛ̃t]
buque (m) de vapor	**parowiec** (m)	[pa'rɔvets]
motonave (f)	**motorowiec** (m)	[mɔtɔ'rɔvets]
trasatlántico (m)	**liniowiec** (m)	[li'ɲjɔvets]
crucero (m)	**krążownik** (m)	[krɔ̃'ʒɔvnik]
yate (m)	**jacht** (m)	[jaht]
remolcador (m)	**holownik** (m)	[hɔ'lɜvnik]
barcaza (f)	**barka** (ż)	['barka]
ferry (m)	**prom** (m)	[prɔm]
velero (m)	**żaglowiec** (m)	[ʒag'lɜvets]
bergantín (m)	**brygantyna** (ż)	[brɨgan'tɨna]
rompehielos (m)	**lodołamacz** (m)	[lɜdɔ'wamatʃ]
submarino (m)	**łódź** (ż) **podwodna**	[wutʃ pɔd'vɔdna]
bote (m) de remo	**łódź** (ż)	[wutʃ]
bote (m)	**szalupa** (ż)	[ʃa'lypa]
bote (m) salvavidas	**szalupa** (ż)	[ʃa'lypa]
lancha (f) motora	**motorówka** (ż)	[mɔtɔ'rufka]
capitán (m)	**kapitan** (m)	[ka'pitan]
marinero (m)	**marynarz** (m)	[ma'rɨnaʃ]
marino (m)	**marynarz** (m)	[ma'rɨnaʃ]
tripulación (f)	**załoga** (ż)	[za'wɔga]
contramaestre (m)	**bosman** (m)	['bɔsman]
grumete (m)	**chłopiec** (m) **okrętowy**	['hwɔpets ɔkrɛ̃'tɔvɨ]
cocinero (m) de abordo	**kucharz** (m) **okrętowy**	['kuhaʃ ɔkrɛ̃'tɔvɨ]
médico (m) del buque	**lekarz** (m) **okrętowy**	['lekaʃ ɔkrɛ̃'tɔvɨ]
cubierta (f)	**pokład** (m)	['pɔkwat]
mástil (m)	**maszt** (m)	[maʃt]
vela (f)	**żagiel** (m)	['ʒageʎ]
bodega (f)	**ładownia** (ż)	[wa'dɔvɲa]
proa (f)	**dziób** (m)	[ʤyp]
popa (f)	**rufa** (ż)	['rufa]
remo (m)	**wiosło** (n)	['vɜswɔ]
hélice (f)	**śruba** (ż) **napędowa**	['ɕruba napɛ̃'dɔva]
camarote (m)	**kajuta** (ż)	[ka'juta]

sala (f) de oficiales	**mesa** (ż)	['mɛsa]
sala (f) de máquinas	**maszynownia** (ż)	[maʃɨ'nɔvɲa]
puente (m) de mando	**mostek** (m) **kapitański**	['mɔstɛk kapi'taɲski]
sala (f) de radio	**radiokabina** (ż)	[radʰɔka'bina]
onda (f)	**fala** (ż)	['faʎa]
cuaderno (m) de bitácora	**dziennik** (m) **pokładowy**	['dʒeŋik pɔkwa'dɔvɨ]
anteojo (m)	**luneta** (ż)	[ly'nɛta]
campana (f)	**dzwon** (m)	[dzvɔn]
bandera (f)	**bandera** (ż)	[ban'dɛra]
cabo (m) (maroma)	**lina** (ż)	['lina]
nudo (m)	**węzeł** (m)	['vɛnzɛw]
pasamano (m)	**poręcz** (ż)	['pɔrɛ̃tʃ]
pasarela (f)	**trap** (m)	[trap]
ancla (f)	**kotwica** (ż)	[kɔt'fitsa]
levar ancla	**podnieść kotwicę**	['pɔdneɕtʃ kɔt'fitsɛ̃]
echar ancla	**zarzucić kotwicę**	[za'ʒutʃitʃ kɔt'fitsɛ̃]
cadena (f) del ancla	**łańcuch** (m) **kotwicy**	['waɲtsuh kɔt'fitsɨ]
puerto (m)	**port** (m)	[pɔrt]
embarcadero (m)	**nabrzeże** (n)	[nab'ʒɛʒɛ]
amarrar (vt)	**cumować**	[tsu'mɔvatʃ]
desamarrar (vt)	**odbijać**	[ɔd'bijatʃ]
viaje (m)	**podróż** (ż)	['pɔdruʃ]
crucero (m) (viaje)	**podróż** (ż) **morska**	['pɔdruʃ 'mɔrska]
derrota (f) (rumbo)	**kurs** (m)	[kurs]
itinerario (m)	**trasa** (ż)	['trasa]
canal (m) navegable	**tor** (m) **wodny**	[tɔr 'vɔdnɨ]
bajío (m)	**mielizna** (ż)	[me'lizna]
encallar (vi)	**osiąść na mieliźnie**	['ɔɕɔ̃ʲɕtʃ na me'liʑʲne]
tempestad (f)	**sztorm** (m)	[ʃtɔrm]
señal (f)	**sygnał** (m)	['sɨgnaw]
hundirse (vr)	**tonąć**	['tɔ̃ɔɲtʃ]
SOS	**SOS**	[ɛs ɔ ɛs]
aro (m) salvavidas	**koło** (n) **ratunkowe**	['kɔwɔ ratu'ŋkɔvɛ]

LA CIUDAD

27. El transporte urbano
28. La ciudad. La vida en la ciudad
29. Las instituciones urbanas
30. Los avisos
31. Las compras

T&P Books Publishing

27. El transporte urbano

autobús (m)	**autobus** (m)	[au'tɔbus]
tranvía (m)	**tramwaj** (m)	['tramvaj]
trolebús (m)	**trolejbus** (m)	[trɔ'lejbus]
itinerario (m)	**trasa** (ż)	['trasa]
número (m)	**numer** (m)	['numɛr]
ir en ...	**jechać w ...**	['ehaʧ v]
tomar (~ el autobús)	**wsiąść**	[fɕɔ̃ɕʧ]
bajar (~ del tren)	**zsiąść z ...**	[zɕɔ̃ɕʧ z]
parada (f)	**przystanek** (m)	[pʃɨs'tanɛk]
próxima parada (f)	**następny przystanek** (m)	[nas'tɛ̃pnɨ pʃɨs'tanɛk]
parada (f) final	**stacja** (ż) **końcowa**	['staʦʰja kɔɲ'ʦɔva]
horario (m)	**rozkład** (m) **jazdy**	['rɔskwad 'jazdɨ]
esperar (aguardar)	**czekać**	['ʧɛkaʧ]
billete (m)	**bilet** (m)	['bilet]
precio (m) del billete	**cena** (ż) **biletu**	['ʦɛna bi'letu]
cajero (m)	**kasjer** (m), **kasjerka** (ż)	['kasʰer], [kasʰ'erka]
control (m) de billetes	**kontrola** (ż) **biletów**	[kɔnt'rɔʎa bi'letɔf]
revisor (m)	**kontroler** (m) **biletów**	[kɔnt'rɔler bi'letɔf]
llegar tarde (vi)	**spóźniać się**	['spuʑʲɲaʧ ɕɛ̃]
perder (~ el tren)	**spóźnić się**	['spuʑʲniʧ ɕɛ̃]
tener prisa	**śpieszyć się**	['ɕpeʃɨʧ ɕɛ̃]
taxi (m)	**taksówka** (ż)	[tak'sufka]
taxista (m)	**taksówkarz** (m)	[tak'sufkaʃ]
en taxi	**taksówką**	[tak'sufkɔ̃]
parada (f) de taxi	**postój** (m) **taksówek**	['pɔstuj tak'suvɛk]
llamar un taxi	**wezwać taksówkę**	['vɛzvaʧ tak'sufkɛ̃]
tomar un taxi	**wziąć taksówkę**	[vʒɔ̃ʲʧ tak'sufkɛ̃]
tráfico (m)	**ruch** (m) **uliczny**	[ruh u'liʧnɨ]
atasco (m)	**korek** (m)	['kɔrɛk]
horas (f pl) de punta	**godziny** (l.mn.) **szczytu**	[gɔ'ʤinɨ 'ʃʧɨtu]
aparcar (vi)	**parkować**	[par'kɔvaʧ]
aparcar (vt)	**parkować**	[par'kɔvaʧ]
aparcamiento (m)	**parking** (m)	['parkiŋk]
metro (m)	**metro** (n)	['mɛtrɔ]
estación (f)	**stacja** (ż)	['staʦʰja]
ir en el metro	**jechać metrem**	['ehaʧ 'mɛtrɛm]

tren (m)	**pociąg** (m)	['pɔʧɔ̃k]
estación (f)	**dworzec** (m)	['dvɔʒɛʦ]

28. La ciudad. La vida en la ciudad

ciudad (f)	**miasto** (n)	['mʲastɔ]
capital (f)	**stolica** (ż)	[stɔ'liʦa]
aldea (f)	**wieś** (ż)	[veɕ]
plano (m) de la ciudad	**plan** (m) **miasta**	[pʎan 'mʲasta]
centro (m) de la ciudad	**centrum** (n) **miasta**	['ʦɛntrum 'mʲasta]
suburbio (m)	**dzielnica** (ż) **podmiejska**	[ʤɛʎ'niʦa pɔd'mejska]
suburbano (adj)	**podmiejski**	[pɔd'mejski]
arrabal (m)	**peryferie** (l.mn.)	[pɛrɨ'fɛrʰe]
afueras (f pl)	**okolice** (l.mn.)	[ɔkɔ'liʦɛ]
barrio (m)	**osiedle** (n)	[ɔ'ɕedle]
zona (f) de viviendas	**osiedle** (n) **mieszkaniowe**	[ɔ'ɕedle meʃka'nɜvɛ]
tráfico (m)	**ruch** (m) **uliczny**	[ruh u'liʧnɨ]
semáforo (m)	**światła** (l.mn.)	['ɕfʲatwa]
transporte (m) urbano	**komunikacja** (ż) **publiczna**	[kɔmuni'kaʦʰja pub'liʧna]
cruce (m)	**skrzyżowanie** (n)	[skʃɨʒɔ'vane]
paso (m) de peatones	**przejście** (n)	['pʃɛjɕʧe]
paso (m) subterráneo	**przejście** (n) **podziemne**	['pʃɛjɕʧe pɔ'ʤemnɛ]
cruzar (vt)	**przechodzić**	[pʃɛ'hɔʤiʧ]
peatón (m)	**pieszy** (m)	['peʃɨ]
acera (f)	**chodnik** (m)	['hɔdnik]
puente (m)	**most** (m)	[mɔst]
muelle (m)	**nadbrzeże** (n)	[nadb'ʒɛʒɛ]
fuente (f)	**fontanna** (ż)	[fɔn'taŋa]
alameda (f)	**aleja** (ż)	[a'leja]
parque (m)	**park** (m)	[park]
bulevar (m)	**bulwar** (m)	['buʎvar]
plaza (f)	**plac** (m)	[pʎaʦ]
avenida (f)	**aleja** (ż)	[a'leja]
calle (f)	**ulica** (ż)	[u'liʦa]
callejón (m)	**zaułek** (m)	[za'uwɛk]
callejón (m) sin salida	**ślepa uliczka** (ż)	['ɕlepa u'liʧka]
casa (f)	**dom** (m)	[dɔm]
edificio (m)	**budynek** (m)	[bu'dɨnɛk]
rascacielos (m)	**wieżowiec** (m)	[ve'ʒɔveʦ]
fachada (f)	**fasada** (ż)	[fa'sada]
techo (m)	**dach** (m)	[dah]

ventana (f)	**okno** (n)	['ɔknɔ]
arco (m)	**łuk** (m)	[wuk]
columna (f)	**kolumna** (ż)	[kɔ'lymna]
esquina (f)	**róg** (m)	[ruk]
escaparate (f)	**witryna** (ż)	[vit'rɨna]
letrero (m) (~ luminoso)	**szyld** (m)	[ʃɨʎt]
cartel (m)	**afisz** (m)	['afiʃ]
cartel (m) publicitario	**plakat** (m) **reklamowy**	['pʎakat rɛkʎa'mɔvɨ]
valla (f) publicitaria	**billboard** (m)	['biʎbɔrt]
basura (f)	**śmiecie** (l.mn.)	['ɕmeʧe]
cajón (m) de basura	**kosz** (m) **na śmieci**	[kɔʃ na 'ɕmeʧi]
tirar basura	**śmiecić**	['ɕmeʧiʧ]
basurero (m)	**wysypisko** (n) **śmieci**	[vɨsɨpiskɔ 'ɕmeʧi]
cabina (f) telefónica	**budka** (ż) **telefoniczna**	['butka tɛlefɔ'niʧna]
farola (f)	**słup** (m) **oświetleniowy**	[swup ɔɕvetle'nɜvɨ]
banco (m) (del parque)	**ławka** (ż)	['wafka]
policía (m)	**policjant** (m)	[pɔ'liʦʰjant]
policía (f) (~ nacional)	**policja** (ż)	[pɔ'liʦʰja]
mendigo (m)	**żebrak** (m)	['ʒɛbrak]
persona (f) sin hogar	**bezdomny** (m)	[bɛz'dɔmnɨ]

29. Las instituciones urbanas

tienda (f)	**sklep** (m)	[sklep]
farmacia (f)	**apteka** (ż)	[ap'tɛka]
óptica (f)	**optyk** (m)	['ɔptɨk]
centro (m) comercial	**centrum** (n) **handlowe**	['ʦɛntrum hand'lɜvɛ]
supermercado (m)	**supermarket** (m)	[supɛr'markɛt]
panadería (f)	**sklep** (m) **z pieczywem**	[sklep s pet'ʃɨvɛm]
panadero (m)	**piekarz** (m)	['pekaʃ]
pastelería (f)	**cukiernia** (ż)	[ʦu'kerɲa]
tienda (f) de comestibles	**sklep** (m) **spożywczy**	[sklep spɔ'ʒɨvʧɨ]
carnicería (f)	**sklep** (m) **mięsny**	[sklep 'mensnɨ]
verdulería (f)	**warzywniak** (m)	[va'ʒɨvɲak]
mercado (m)	**targ** (m)	[tark]
cafetería (f)	**kawiarnia** (ż)	[ka'vʲarɲa]
restaurante (m)	**restauracja** (ż)	[rɛstau'raʦʰja]
cervecería (f)	**piwiarnia** (ż)	[pi'vʲarɲa]
pizzería (f)	**pizzeria** (ż)	[pi'ʦerʰja]
peluquería (f)	**salon** (m) **fryzjerski**	['salɔn frɨzʰ'erski]
oficina (f) de correos	**poczta** (ż)	['pɔʧta]
tintorería (f)	**pralnia** (ż) **chemiczna**	['praʎɲa hɛ'miʧna]

estudio (m) fotográfico	**zakład** (m) **fotograficzny**	['zakwat fɔtɔgra'fitʃnɨ]
zapatería (f)	**sklep** (m) **obuwniczy**	[sklep ɔbuv'nitʃɨ]
librería (f)	**księgarnia** (ż)	[kɕɛ̃'garɲa]
tienda (f) deportiva	**sklep** (m) **sportowy**	[sklep spɔr'tɔvɨ]
arreglos (m pl) de ropa	**reperacja** (ż) **odzieży**	[rɛpɛ'ratsʰja ɔ'dʒeʒɨ]
alquiler (m) de ropa	**wypożyczanie** (n) **strojów okazjonalnych**	[vɨpɔʒɨ'tʃane strɔ'juv ɔkazʲɔ'naʎnɨh]
videoclub (m)	**wypożyczalnia** (ż) **filmów**	[vɨpɔʒɨt'ʃaʎɲa 'fiʎmuf]
circo (m)	**cyrk** (m)	[tsɨrk]
zoológico (m)	**zoo** (n)	['zɔ:]
cine (m)	**kino** (n)	['kinɔ]
museo (m)	**muzeum** (n)	[mu'zɛum]
biblioteca (f)	**biblioteka** (ż)	[biblɜ'tɛka]
teatro (m)	**teatr** (m)	['tɛatr]
ópera (f)	**opera** (ż)	['ɔpɛra]
club (m) nocturno	**klub nocny** (m)	[klyp 'nɔtsnɨ]
casino (m)	**kasyno** (n)	[ka'sɨnɔ]
mezquita (f)	**meczet** (m)	['mɛtʃɛt]
sinagoga (f)	**synagoga** (ż)	[sɨna'gɔga]
catedral (f)	**katedra** (ż)	[ka'tɛdra]
templo (m)	**świątynia** (ż)	[ɕfɔ̃'tɨɲa]
iglesia (f)	**kościół** (m)	['kɔʃtʃɔw]
instituto (m)	**instytut** (m)	[ins'tɨtut]
universidad (f)	**uniwersytet** (m)	[uni'vɛrsɨtɛt]
escuela (f)	**szkoła** (ż)	['ʃkɔwa]
prefectura (f)	**urząd** (m) **dzielnicowy**	['uʒɔ̃d dʒeʎnitsɔvɨ]
alcaldía (f)	**urząd** (m) **miasta**	['uʒɔ̃t 'mʲasta]
hotel (m)	**hotel** (m)	['hɔtɛʎ]
banco (m)	**bank** (m)	[baŋk]
embajada (f)	**ambasada** (ż)	[amba'sada]
agencia (f) de viajes	**agencja** (ż) **turystyczna**	[a'gɛntsʰja turis'tɨtʃna]
oficina (f) de información	**informacja** (ż)	[infɔr'matsʰja]
oficina (f) de cambio	**kantor** (m)	['kantɔr]
metro (m)	**metro** (n)	['mɛtrɔ]
hospital (m)	**szpital** (m)	['ʃpitaʎ]
gasolinera (f)	**stacja** (ż) **benzynowa**	['statsʰja bɛnzɨ'nɔva]
aparcamiento (m)	**parking** (m)	['parkiŋk]

30. Los avisos

letrero (m) (~ luminoso)	**szyld** (m)	[ʃiʎt]
cartel (m) (texto escrito)	**napis** (m)	['napis]

pancarta (f)	**plakat** (m)	['pʎakat]
señal (m) de dirección	**drogowskaz** (m)	[drɔ'gɔfskas]
flecha (f) (signo)	**strzałka** (ż)	['stʃawka]
advertencia (f)	**ostrzeżenie** (n)	[ɔstʃɛ'ʒɛne]
aviso (m)	**przestroga** (ż)	[pʃɛst'rɔga]
advertir (vt)	**ostrzegać**	[ɔst'ʃɛgatʃ]
día (m) de descanso	**dzień** (m) **wolny**	[dʒeɲ 'vɔʎnɨ]
horario (m)	**rozkład** (m) **jazdy**	['rɔskwad 'jazdɨ]
horario (m) de apertura	**godziny** (l.mn.) **pracy**	[gɔ'dʒinɨ 'pratsɨ]
¡BIENVENIDOS!	**WITAMY!**	[vi'tamɨ]
ENTRADA	**WEJŚCIE**	['vɛjɕtʃe]
SALIDA	**WYJŚCIE**	['vɨjɕtʃe]
EMPUJAR	**PCHAĆ**	[phatʃ]
TIRAR	**CIĄGNĄĆ**	[tʃɔ̃gnɔɲtʃ]
ABIERTO	**OTWARTE**	[ɔt'fartɛ]
CERRADO	**ZAMKNIĘTE**	[zamk'nentɛ]
MUJERES	**DLA PAŃ**	[dʎa paɲ]
HOMBRES	**DLA MĘŻCZYZN**	[dʎa 'mɛ̃ʒtʃɨzn]
REBAJAS	**ZNIŻKI**	['zniʃki]
SALDOS	**WYPRZEDAŻ**	[vɨp'ʃɛdaʃ]
NOVEDAD	**NOWOŚĆ!**	['nɔvɔɕtʃ]
GRATIS	**GRATIS**	['gratis]
¡ATENCIÓN!	**UWAGA!**	[u'vaga]
COMPLETO	**BRAK MIEJSC**	[brak mejsts]
RESERVADO	**REZERWACJA**	[rɛzɛr'vatsʰja]
ADMINISTRACIÓN	**ADMINISTRACJA**	[administ'ratsʰja]
SÓLO PERSONAL AUTORIZADO	**WEJŚCIE SŁUŻBOWE**	['vɛjɕtʃe swuʒ'bɔvɛ]
CUIDADO CON EL PERRO	**UWAGA! ZŁY PIES**	[u'vaga zwɨ pes]
PROHIBIDO FUMAR	**ZAKAZ PALENIA!**	['zakas pa'leɲa]
NO TOCAR	**NIE DOTYKAĆ!**	[ne dɔ'tɨkatʃ]
PELIGROSO	**NIEBEZPIECZNY**	[nebɛs'petʃnɨ]
PELIGRO	**NIEBEZPIECZEŃSTWO**	[nebɛspetʃɛɲstfɔ]
ALTA TENSIÓN	**WYSOKIE NAPIĘCIE**	[vɨsɔke napɛ̃tʃe]
PROHIBIDO BAÑARSE	**KĄPIEL WZBRONIONA**	[kɔmpeʎ vzbrɔnɔ̃a]
NO FUNCIONA	**NIECZYNNE**	[netʃɨŋɛ]
INFLAMABLE	**ŁATWOPALNE**	[vatvɔ'paʎnɛ]
PROHIBIDO	**ZAKAZ**	['zakas]
PROHIBIDO EL PASO	**ZAKAZ PRZEJŚCIA**	['zakas 'pʃɛjɕtʃʲa]
RECIÉN PINTADO	**ŚWIEŻO MALOWANE**	['ɕfeʒɔ malɔ'vanɛ]

31. Las compras

comprar (vt)	**kupować**	[ku'pɔvatʃ]
compra (f)	**zakup** (m)	['zakup]
hacer compras	**robić zakupy**	['rɔbitʃ za'kupɨ]
compras (f pl)	**zakupy** (l.mn.)	[za'kupɨ]
estar abierto (tienda)	**być czynnym**	[bɨtʃ 'tʃɨŋɨm]
estar cerrado	**być nieczynnym**	[bɨtʃ net'ʃɨŋɨm]
calzado (m)	**obuwie** (n)	[ɔ'buve]
ropa (f)	**odzież** (ż)	['ɔdʒeʃ]
cosméticos (m pl)	**kosmetyki** (l.mn.)	[kɔs'mɛtɨki]
productos alimenticios	**artykuły** (l.mn.) **spożywcze**	[artɨ'kuwɨ spɔ'ʒɨftʃɛ]
regalo (m)	**prezent** (m)	['prɛzɛnt]
vendedor (m)	**ekspedient** (m)	[ɛks'pɛdʰent]
vendedora (f)	**ekspedientka** (ż)	[ɛkspedʰ'entka]
caja (f)	**kasa** (ż)	['kasa]
espejo (m)	**lustro** (n)	['lystrɔ]
mostrador (m)	**lada** (ż)	['ʎada]
probador (m)	**przymierzalnia** (ż)	[pʃɨme'ʒaʎɲa]
probar (un vestido)	**przymierzyć**	[pʃɨ'meʒɨtʃ]
quedar (una ropa, etc.)	**pasować**	[pa'sɔvatʃ]
gustar (vi)	**podobać się**	[pɔ'dɔbatʃ ɕɛ̃]
precio (m)	**cena** (ż)	['tsɛna]
etiqueta (f) de precio	**metka** (ż)	['mɛtka]
costar (vt)	**kosztować**	[kɔʃ'tɔvatʃ]
¿Cuánto?	**Ile kosztuje?**	['ile kɔʃ'tue]
descuento (m)	**zniżka** (ż)	['zniʃka]
no costoso (adj)	**niedrogi**	[ned'rɔgi]
barato (adj)	**tani**	['tani]
caro (adj)	**drogi**	['drɔgi]
Es caro	**To dużo kosztuje**	[tɔ 'duʒɔ kɔʃ'tue]
alquiler (m)	**wypożyczalnia** (ż)	[vɨpɔʒɨt'ʃaʎɲa]
alquilar (vt)	**wypożyczyć**	[vɨpɔ'ʒɨtʃɨtʃ]
crédito (m)	**kredyt** (m)	['krɛdɨt]
a crédito (adv)	**na kredyt**	[na 'krɛdɨt]

LA ROPA Y LOS ACCESORIOS

32. La ropa exterior. Los abrigos
33. Ropa de hombre y mujer
34. La ropa. La ropa interior
35. Gorras
36. El calzado
37. Accesorios personales
38. La ropa. Miscelánea
39. Productos personales. Cosméticos
40. Los relojes

T&P Books Publishing

32. La ropa exterior. Los abrigos

ropa (f)	**odzież** (ż)	['ɔdʒeʃ]
ropa (f) de calle	**wierzchnie okrycie** (n)	['veʃhne ɔk'rɨtʃe]
ropa (f) de invierno	**odzież** (ż) **zimowa**	['ɔdʒeʒ ʒi'mɔva]
abrigo (m)	**palto** (n)	['paʎtɔ]
abrigo (m) de piel	**futro** (n)	['futrɔ]
abrigo (m) corto de piel	**futro** (n) **krótkie**	['futrɔ 'krɔtkɛ]
chaqueta (f) plumón	**kurtka** (ż) **puchowa**	['kurtka pu'hɔva]
cazadora (f)	**kurtka** (ż)	['kurtka]
impermeable (m)	**płaszcz** (m)	[pwaʃtʃ]
impermeable (adj)	**nieprzemakalny**	[nepʃɛma'kaʎnɨ]

33. Ropa de hombre y mujer

camisa (f)	**koszula** (ż)	[kɔ'ʃuʎa]
pantalones (m pl)	**spodnie** (l.mn.)	['spɔdne]
jeans, vaqueros (m pl)	**dżinsy** (l.mn.)	['dʒinsɨ]
chaqueta (f), saco (m)	**marynarka** (ż)	[marɨ'narka]
traje (m)	**garnitur** (m)	[gar'nitur]
vestido (m)	**sukienka** (ż)	[su'keŋka]
falda (f)	**spódnica** (ż)	[spud'nitsa]
blusa (f)	**bluzka** (ż)	['blyska]
rebeca (f), chaqueta (f) de punto	**sweterek** (m)	[sfɛ'tɛrɛk]
chaqueta (f)	**żakiet** (m)	['ʒaket]
camiseta (f) (T-shirt)	**koszulka** (ż)	[kɔ'ʃuʎka]
pantalones (m pl) cortos	**spodenki** (l.mn.)	[spɔ'dɛŋki]
traje (m) deportivo	**dres** (m)	[drɛs]
bata (f) de baño	**szlafrok** (m)	['ʃʎafrɔk]
pijama (m)	**pidżama** (ż)	[pi'dʒama]
suéter (m)	**sweter** (m)	['sfɛtɛr]
pulóver (m)	**pulower** (m)	[pu'lɜvɛr]
chaleco (m)	**kamizelka** (ż)	[kami'zɛʎka]
frac (m)	**frak** (m)	[frak]
esmoquin (m)	**smoking** (m)	['smɔkiŋk]
uniforme (m)	**uniform** (m)	[u'nifɔrm]
ropa (f) de trabajo	**ubranie** (n) **robocze**	[ub'rane rɔ'bɔtʃɛ]

mono (m)	**kombinezon** (m)	[kɔmbi'nɛzɔn]
bata (f) (p. ej. ~ blanca)	**kitel** (m)	['kitɛʎ]

34. La ropa. La ropa interior

ropa (f) interior	**bielizna** (ż)	[be'lizna]
camiseta (f) interior	**podkoszulek** (m)	[pɔtkɔ'ʃulek]
calcetines (m pl)	**skarpety** (l.mn.)	[skar'pɛtɨ]
camisón (m)	**koszula** (ż) **nocna**	[kɔ'ʃuʎa 'nɔʦna]
sostén (m)	**biustonosz** (m)	[bys'tɔnɔʃ]
calcetines (m pl) altos	**podkolanówki** (l.mn.)	[pɔdkɔʎa'nufki]
pantimedias (f pl)	**rajstopy** (l.mn.)	[rajs'tɔpɨ]
medias (f pl)	**pończochy** (l.mn.)	[pɔɲt'ʃɔhɨ]
traje (m) de baño	**kostium** (m) **kąpielowy**	['kɔstʰjum kɔ̃pelɔvɨ]

35. Gorras

gorro (m)	**czapka** (ż)	['ʧapka]
sombrero (m) de fieltro	**kapelusz** (m) **fedora**	[ka'pɛlyʃ fɛ'dɔra]
gorra (f) de béisbol	**bejsbolówka** (ż)	[bɛjsbɔ'lyfka]
gorra (f) plana	**kaszkiet** (m)	['kaʃket]
boina (f)	**beret** (m)	['bɛrɛt]
capuchón (m)	**kaptur** (m)	['kaptur]
panamá (m)	**panama** (ż)	[pa'nama]
pañuelo (m)	**chustka** (ż)	['hustka]
sombrero (m) de mujer	**kapelusik** (m)	[kapɛ'lyɕik]
casco (m) (~ protector)	**kask** (m)	[kask]
gorro (m) de campaña	**furażerka** (ż)	[fura'ʒɛrka]
casco (m) (~ de moto)	**hełm** (m)	[hɛwm]
bombín (m)	**melonik** (m)	[mɛ'lɔnik]
sombrero (m) de copa	**cylinder** (m)	[ʦɨ'lindɛr]

36. El calzado

calzado (m)	**obuwie** (n)	[ɔ'buve]
botas (f pl)	**buty** (l.mn.)	['butɨ]
zapatos (m pl) (~ de tacón bajo)	**pantofle** (l.mn.)	[pan'tɔfle]
botas (f pl) altas	**kozaki** (l.mn.)	[kɔ'zaki]
zapatillas (f pl)	**kapcie** (l.mn.)	['kapʧe]
tenis (m pl)	**adidasy** (l.mn.)	[adi'dasɨ]

zapatillas (f pl) de lona	**tenisówki** (l.mn.)	[tɛni'sufki]
sandalias (f pl)	**sandały** (l.mn.)	[san'dawɨ]
zapatero (m)	**szewc** (m)	[ʃɛfʦ]
tacón (m)	**obcas** (m)	['ɔbʦas]
par (m)	**para** (ż)	['para]
cordón (m)	**sznurowadło** (n)	[ʃnurɔ'vadwɔ]
encordonar (vt)	**sznurować**	[ʃnu'rɔvaʧ]
calzador (m)	**łyżka** (ż) **do butów**	['wɨʒka dɔ 'butuf]
betún (m)	**pasta** (ż) **do butów**	['pasta dɔ 'butuf]

37. Accesorios personales

guantes (m pl)	**rękawiczki** (l.mn.)	[rɛ̃ka'viʧki]
manoplas (f pl)	**rękawiczki** (l.mn.)	[rɛ̃ka'viʧki]
bufanda (f)	**szalik** (m)	['ʃalik]
gafas (f pl)	**okulary** (l.mn.)	[ɔku'ʎarɨ]
montura (f)	**oprawka** (ż)	[ɔp'rafka]
paraguas (m)	**parasol** (m)	[pa'rasɔʎ]
bastón (m)	**laska** (ż)	['ʎaska]
cepillo (m) de pelo	**szczotka** (ż) **do włosów**	['ʃʧɔtka dɔ 'vwɔsuv]
abanico (m)	**wachlarz** (m)	['vahʎaʃ]
corbata (f)	**krawat** (m)	['kravat]
pajarita (f)	**muszka** (ż)	['muʃka]
tirantes (m pl)	**szelki** (l.mn.)	['ʃɛʎki]
moquero (m)	**chusteczka** (ż) **do nosa**	[hus'tɛʧka dɔ 'nɔsa]
peine (m)	**grzebień** (m)	['gʒɛbeɲ]
pasador (m) de pelo	**spinka** (ż)	['spiŋka]
horquilla (f)	**szpilka** (ż)	['ʃpiʎka]
hebilla (f)	**sprzączka** (ż)	['spʃɔ̃ʧka]
cinturón (m)	**pasek** (m)	['pasɛk]
correa (f) (de bolso)	**pasek** (m)	['pasɛk]
bolsa (f)	**torba** (ż)	['tɔrba]
bolso (m)	**torebka** (ż)	[tɔ'rɛpka]
mochila (f)	**plecak** (m)	['pleʦak]

38. La ropa. Miscelánea

moda (f)	**moda** (ż)	['mɔda]
de moda (adj)	**modny**	['mɔdnɨ]
diseñador (m) de moda	**projektant** (m) **mody**	[prɔ'ektant 'mɔdɨ]
cuello (m)	**kołnierz** (m)	['kɔwneʃ]

bolsillo (m)	**kieszeń** (ż)	['keʃɛɲ]
de bolsillo (adj)	**kieszonkowy**	[keʃɔ'ŋkɔvɨ]
manga (f)	**rękaw** (m)	['rɛŋkaf]
presilla (f)	**wieszak** (m)	['veʃak]
bragueta (f)	**rozporek** (m)	[rɔs'pɔrɛk]
cremallera (f)	**zamek** (m) **błyskawiczny**	['zamɛk bwɨska'vitʃnɨ]
cierre (m)	**zapięcie** (m)	[za'pɛ̃tʃe]
botón (m)	**guzik** (m)	['guʒik]
ojal (m)	**dziurką** (ż) **na guzik**	['dʒyrka na gu'ʒik]
saltar (un botón)	**urwać się**	['urvatʃ ɕɛ̃]
coser (vi, vt)	**szyć**	[ʃɨtʃ]
bordar (vt)	**haftować**	[haf'tɔvatʃ]
bordado (m)	**haft** (m)	[haft]
aguja (f)	**igła** (ż)	['igwa]
hilo (m)	**nitka** (ż)	['nitka]
costura (f)	**szew** (m)	[ʃɛf]
ensuciarse (vr)	**wybrudzić się**	[vɨb'rudʒitʃ ɕɛ̃]
mancha (f)	**plama** (ż)	['pʎama]
arrugarse (vr)	**zmiąć się**	[zmɔ̃ʲtʃ ɕɛ̃]
rasgar (vt)	**rozerwać**	[rɔ'zɛrvatʃ]
polilla (f)	**mól** (m)	[muʎ]

39. Productos personales. Cosméticos

pasta (f) de dientes	**pasta** (ż) **do zębów**	['pasta dɔ 'zɛ̃buf]
cepillo (m) de dientes	**szczoteczka** (ż) **do zębów**	[ʃtʃɔ'tɛtʃka dɔ 'zɛ̃buf]
limpiarse los dientes	**myć zęby**	[mɨtʃ 'zɛ̃bɨ]
maquinilla (f) de afeitar	**maszynka** (ż) **do golenia**	[ma'ʃɨŋka dɔ gɔ'leɲa]
crema (f) de afeitar	**krem** (m) **do golenia**	[krɛm dɔ gɔ'leɲa]
afeitarse (vr)	**golić się**	['gɔlitʃ ɕɛ̃]
jabón (m)	**mydło** (n)	['mɨdwɔ]
champú (m)	**szampon** (m)	['ʃampɔn]
tijeras (f pl)	**nożyczki** (l.mn.)	[nɔ'ʒɨtʃki]
lima (f) de uñas	**pilnik** (m) **do paznokci**	['piʎnik dɔ paz'nɔktʃi]
cortaúñas (m pl)	**cążki** (l.mn.) **do paznokci**	['tsɔ̃ʃki dɔ paz'nɔktʃi]
pinzas (f pl)	**pinceta** (ż)	[pin'tsɛta]
cosméticos (m pl)	**kosmetyki** (l.mn.)	[kɔs'mɛtɨki]
mascarilla (f)	**maseczka** (ż)	[ma'sɛtʃka]
manicura (f)	**manikiur** (m)	[ma'nikyr]
hacer la manicura	**robić manikiur**	['rɔbitʃ ma'nikyr]
pedicura (f)	**pedikiur** (m)	[pɛ'dikyr]
bolsa (f) de maquillaje	**kosmetyczka** (ż)	[kɔsmɛ'tɨtʃka]
polvos (m pl)	**puder** (m)	['pudɛr]

polvera (f) **puderniczka** (ż) [pudɛr'nitʃka]
colorete (m), rubor (m) **róż** (m) [ruʃ]

perfume (m) **perfumy** (l.mn.) [pɛr'fumɨ]
agua (f) de tocador **woda** (ż) **toaletowa** ['vɔda tɔale'tɔva]
loción (f) **płyn** (m) **kosmetyczny** [pwɨn kɔsmɛ'tɨtʃnɨ]
agua (f) de Colonia **woda** (ż) **kolońska** ['vɔda kɔ'lɔɲska]

sombra (f) de ojos **cienie** (l.mn.) **do powiek** ['tʃene dɔ 'pɔvek]
lápiz (m) de ojos **kredka** (ż) **do oczu** ['krɛtka dɔ 'ɔtʃu]
rímel (m) **tusz** (m) **do rzęs** [tuʃ dɔ ʒɛ̃s]

pintalabios (m) **szminka** (ż) ['ʃmiŋka]
esmalte (m) de uñas **lakier** (m) **do paznokci** ['ʎaker dɔ paz'nɔktʃi]
fijador (m) para el pelo **lakier** (m) **do włosów** ['ʎaker dɔ 'vwɔsuv]
desodorante (m) **dezodorant** (m) [dɛzɔ'dɔrant]

crema (f) **krem** (m) [krɛm]
crema (f) de belleza **krem** (m) **do twarzy** [krɛm dɔ 'tfaʒɨ]
crema (f) de manos **krem** (m) **do rąk** [krɛm dɔ rɔ̃k]
de día (adj) **na dzień** ['na dʒeɲ]
de noche (adj) **nocny** ['nɔtsnɨ]

tampón (m) **tampon** (m) ['tampɔn]
papel (m) higiénico **papier** (m) **toaletowy** ['paper tɔale'tɔvɨ]
secador (m) de pelo **suszarka** (ż) **do włosów** [su'ʃarka dɔ 'vwɔsuv]

40. Los relojes

reloj (m) **zegarek** (m) [zɛ'garɛk]
esfera (f) **tarcza** (ż) **zegarowa** ['tartʃa zɛga'rɔva]
aguja (f) **wskazówka** (ż) [fska'zɔfka]
pulsera (f) **bransoleta** (ż) [bransɔ'leta]
correa (f) (del reloj) **pasek** (m) ['pasɛk]

pila (f) **bateria** (ż) [ba'tɛrʰja]
descargarse (vr) **wyczerpać się** [vɨt'ʃɛrpatʃ ɕɛ̃]
cambiar la pila **wymienić baterię** [vɨ'menitʃ ba'tɛrʰɛ̃]
adelantarse (vr) **śpieszyć się** ['ɕpeʃitʃ ɕɛ̃]
retrasarse (vr) **spóźnić się** ['spuʑʲnitʃ ɕɛ̃]

reloj (m) de pared **zegar** (m) **ścienny** ['zɛgar 'ɕtʃeŋɨ]
reloj (m) de arena **klepsydra** (ż) [klɛp'sɨdra]
reloj (m) de sol **zegar** (m) **słoneczny** ['zɛgar swɔ'nɛtʃnɨ]
despertador (m) **budzik** (m) ['budʒik]
relojero (m) **zegarmistrz** (m) [zɛ'garmistʃ]
reparar (vt) **naprawiać** [nap'ravʲatʃ]

LA EXPERIENCIA DIARIA

41. El dinero
42. La oficina de correos
43. La banca
44. El teléfono. Las conversaciones telefónicas
45. El teléfono celular
46. Los artículos de escritorio. La papelería
47. Los idiomas extranjeros

T&P Books Publishing

41. El dinero

dinero (m)	**pieniądze** (l.mn.)	[penɔ̃dzɛ]
cambio (m)	**wymiana** (ż)	[vɨ'mʲana]
curso (m)	**kurs** (m)	[kurs]
cajero (m) automático	**bankomat** (m)	[ba'ŋkɔmat]
moneda (f)	**moneta** (ż)	[mɔ'nɛta]
dólar (m)	**dolar** (m)	['dɔʎar]
euro (m)	**euro** (m)	['ɛurɔ]
lira (f)	**lir** (m)	[lir]
marco (m) alemán	**marka** (ż)	['marka]
franco (m)	**frank** (m)	[fraŋk]
libra esterlina (f)	**funt szterling** (m)	[funt 'ʃtɛrliŋk]
yen (m)	**jen** (m)	[en]
deuda (f)	**dług** (m)	[dwuk]
deudor (m)	**dłużnik** (m)	['dwuʒnik]
prestar (vt)	**pożyczyć**	[pɔ'ʒɨʧɨʧ]
tomar prestado	**pożyczyć od ...**	[pɔ'ʒɨʧɨʧ ɔt]
banco (m)	**bank** (m)	[baŋk]
cuenta (f)	**konto** (n)	['kɔntɔ]
ingresar en la cuenta	**wpłacić na konto**	['vpwaʧiʧ na 'kɔntɔ]
sacar de la cuenta	**podjąć z konta**	['pɔdʰɔ̃ʧ s 'kɔnta]
tarjeta (f) de crédito	**karta** (ż) **kredytowa**	['karta krɛdɨ'tɔva]
dinero (m) en efectivo	**gotówka** (ż)	[gɔ'tufka]
cheque (m)	**czek** (m)	[ʧɛk]
sacar un cheque	**wystawić czek**	[vɨs'taviʧ ʧɛk]
talonario (m)	**książeczka** (ż) **czekowa**	[kɕɔ̃'ʒɛʧka ʧɛ'kɔva]
cartera (f)	**portfel** (m)	['pɔrtfɛʎ]
monedero (m)	**portmonetka** (ż)	[pɔrtmɔ'nɛtka]
caja (f) fuerte	**sejf** (m)	[sɛjf]
heredero (m)	**spadkobierca** (m)	[spatkɔ'bertsa]
herencia (f)	**spadek** (m)	['spadɛk]
fortuna (f)	**majątek** (m)	[maɔ̃tɛk]
arriendo (m)	**dzierżawa** (ż)	[ʤer'ʒava]
alquiler (m) (dinero)	**czynsz** (m)	[ʧɨnʃ]
alquilar (~ una casa)	**wynajmować**	[vinaj'mɔvaʧ]
precio (m)	**cena** (ż)	['tsɛna]
coste (m)	**wartość** (ż)	['vartɔɕʧ]

suma (f)	**suma** (ż)	['suma]
gastar (vt)	**wydawać**	[vɨ'davatʃ]
gastos (m pl)	**wydatki** (l.mn.)	[vɨ'datki]
economizar (vi, vt)	**oszczędzać**	[ɔʃt'ʃɛndzatʃ]
económico (adj)	**ekonomiczny**	[ɛkɔnɔ'mitʃnɨ]
pagar (vi, vt)	**płacić**	['pwatʃitʃ]
pago (m)	**opłata** (ż)	[ɔp'wata]
cambio (m) (devolver el ~)	**reszta** (ż)	['rɛʃta]
impuesto (m)	**podatek** (m)	[pɔ'datɛk]
multa (f)	**kara** (ż)	['kara]
multar (vt)	**karać grzywną**	['karatʃ 'gʒɨvnɔ̃]

42. La oficina de correos

oficina (f) de correos	**poczta** (ż)	['pɔtʃta]
correo (m) (cartas, etc.)	**poczta** (ż)	['pɔtʃta]
cartero (m)	**listonosz** (m)	[lis'tɔnɔʃ]
horario (m) de apertura	**godziny** (l.mn.) **pracy**	[gɔ'dʒinɨ 'pratsɨ]
carta (f)	**list** (m)	[list]
carta (f) certificada	**list** (m) **polecony**	[list pɔle'tsɔnɨ]
tarjeta (f) postal	**pocztówka** (ż)	[pɔtʃ'tufka]
telegrama (m)	**telegram** (m)	[tɛ'legram]
paquete (m) postal	**paczka** (ż)	['patʃka]
giro (m) postal	**przekaz** (m) **pieniężny**	['pʃɛkas pe'nenʒnɨ]
recibir (vt)	**odebrać**	[ɔ'dɛbratʃ]
enviar (vt)	**wysłać**	['vɨswatʃ]
envío (m)	**wysłanie** (n)	[vɨs'wane]
dirección (f)	**adres** (m)	['adrɛs]
código (m) postal	**kod** (m) **pocztowy**	[kɔt pɔtʃ'tɔvɨ]
expedidor (m)	**nadawca** (m)	[na'daftsa]
destinatario (m)	**odbiorca** (m)	[ɔd'bɜrtsa]
nombre (m)	**imię** (n)	['imɛ̃]
apellido (m)	**nazwisko** (n)	[naz'viskɔ]
tarifa (f)	**taryfa** (ż)	[ta'rɨfa]
ordinario (adj)	**zwykła**	['zvɨkwa]
económico (adj)	**oszczędna**	[ɔʃt'ʃɛndna]
peso (m)	**ciężar** (m)	['tʃenʒar]
pesar (~ una carta)	**ważyć**	['vaʒɨtʃ]
sobre (m)	**koperta** (ż)	[kɔ'pɛrta]
sello (m)	**znaczek** (m)	['znatʃɛk]
poner un sello	**naklejać znaczek**	[nak'lejatʃ 'znatʃɛk]

43. La banca

banco (m)	**bank** (m)	[baŋk]
sucursal (f)	**filia** (ż)	['fiʎja]
consultor (m)	**konsultant** (m)	[kɔn'suʎtant]
gerente (m)	**kierownik** (m)	[ke'rɔvnik]
cuenta (f)	**konto** (n)	['kɔntɔ]
numero (m) de la cuenta	**numer** (m) **konta**	['numɛr 'kɔnta]
cuenta (f) corriente	**rachunek** (m) **bieżący**	[ra'hunɛk be'ʒɔ̃tsɨ]
cuenta (f) de ahorros	**rachunek** (m) **oszczędnościowy**	[ra'hunɛk ɔʃtʃɛ̃dnɔɕ'tʃɔvɨ]
abrir una cuenta	**założyć konto**	[za'wɔʒɨtʃ 'kɔntɔ]
cerrar la cuenta	**zamknąć konto**	['zamknɔɲtʃ 'kɔ̃tɔ]
ingresar en la cuenta	**wpłacić na konto**	['vpwatʃitʃ na 'kɔntɔ]
sacar de la cuenta	**podjąć z konta**	['pɔdʰɔ̃tʃ s 'kɔnta]
depósito (m)	**wkład** (m)	[fkwat]
hacer un depósito	**dokonać wpłaty**	[dɔ'kɔnatʃ 'fpwatɨ]
giro (m) bancario	**przelew** (m)	['pʃɛlev]
hacer un giro	**dokonać przelewu**	[dɔ'kɔnatʃ pʃɛ'levu]
suma (f)	**suma** (ż)	['suma]
¿Cuánto?	**Ile?**	['ile]
firma (f) (nombre)	**podpis** (m)	['pɔdpis]
firmar (vt)	**podpisać**	[pɔd'pisatʃ]
tarjeta (f) de crédito	**karta** (ż) **kredytowa**	['karta krɛdɨ'tɔva]
código (m)	**kod** (m)	[kɔd]
número (m) de tarjeta de crédito	**numer** (m) **karty kredytowej**	['numɛr 'kartɨ krɛdɨ'tɔvɛj]
cajero (m) automático	**bankomat** (m)	[ba'ŋkɔmat]
cheque (m)	**czek** (m)	[tʃɛk]
sacar un cheque	**wystawić czek**	[vɨs'tavitʃ tʃɛk]
talonario (m)	**książeczka** (ż) **czekowa**	[kɕɔ̃'ʒɛtʃka tʃɛ'kɔva]
crédito (m)	**kredyt** (m)	['krɛdɨt]
pedir el crédito	**wystąpić o kredyt**	[vɨs'tɔ̃pitʃ ɔ 'krɛdɨt]
obtener un crédito	**brać kredyt**	[bratʃ 'krɛdɨt]
conceder un crédito	**udzielać kredytu**	[u'dʒeʎatʃ krɛ'dɨtu]
garantía (f)	**gwarancja** (ż)	[gva'rantsʰja]

44. El teléfono. Las conversaciones telefónicas

teléfono (m)	**telefon** (m)	[tɛ'lefɔn]
teléfono (m) móvil	**telefon** (m) **komórkowy**	[tɛ'lefɔn kɔmur'kɔvɨ]

contestador (m)	**sekretarka** (ż)	[sɛkrɛ'tarka]
llamar, telefonear	**dzwonić**	['dzvɔnitʃ]
llamada (f)	**telefon** (m)	[tɛ'lefɔn]
marcar un número	**wybrać numer**	['vɨbratʃ 'numɛr]
¿Sí?, ¿Dígame?	**Halo!**	['halɜ]
preguntar (vt)	**zapytać**	[za'pɨtatʃ]
responder (vi, vt)	**odpowiedzieć**	[ɔtpɔ'vedʒetʃ]
oír (vt)	**słyszeć**	['swɨʃɛtʃ]
bien (adv)	**dobrze**	['dɔbʒɛ]
mal (adv)	**źle**	[ʑʲle]
ruidos (m pl)	**zakłócenia** (l.mn.)	[zakwu'tsɛɲa]
auricular (m)	**słuchawka** (ż)	[swu'hafka]
descolgar (el teléfono)	**podnieść słuchawkę**	['pɔdnɛɕtʃ swu'hafkɛ̃]
colgar el auricular	**odłożyć słuchawkę**	[ɔd'wɔʒɨtʃ swu'hafkɛ̃]
ocupado (adj)	**zajęty**	[za'entɨ]
sonar (teléfono)	**dzwonić**	['dzvɔnitʃ]
guía (f) de teléfonos	**książka** (ż) **telefoniczna**	[kɕɔ̃ʃka tɛlefɔ'nitʃna]
local (adj)	**miejscowy**	[mejs'tsɔvɨ]
de larga distancia	**międzymiastowy**	[mɛ̃dzɨmʲas'tɔvɨ]
internacional (adj)	**międzynarodowy**	[mɛ̃dzɨnarɔ'dɔvɨ]

45. El teléfono celular

teléfono (m) móvil	**telefon** (m) **komórkowy**	[tɛ'lefɔn kɔmur'kɔvɨ]
pantalla (f)	**wyświetlacz** (m)	[vɨɕ'fetʎatʃ]
botón (m)	**klawisz** (m)	['kʎaviʃ]
tarjeta SIM (f)	**karta** (ż) **SIM**	['karta sim]
pila (f)	**bateria** (ż)	[ba'tɛrʰja]
descargarse (vr)	**rozładować się**	[rɔzwa'dɔvatʃ ɕɛ̃]
cargador (m)	**ładowarka** (ż)	[wadɔ'varka]
menú (m)	**menu** (n)	['menu]
preferencias (f pl)	**ustawienia** (l.mn.)	[usta'veɲa]
melodía (f)	**melodia** (ż)	[mɛ'lɜdʰja]
seleccionar (vt)	**wybrać**	['vɨbratʃ]
calculadora (f)	**kalkulator** (m)	[kaʎku'ʎatɔr]
contestador (m)	**sekretarka** (ż)	[sɛkrɛ'tarka]
despertador (m)	**budzik** (m)	['budʒik]
contactos (m pl)	**kontakty** (l.mn.)	[kɔn'taktɨ]
mensaje (m) de texto	**SMS** (m)	[ɛs ɛm ɛs]
abonado (m)	**abonent** (m)	[a'bɔnɛnt]

46. Los artículos de escritorio. La papelería

bolígrafo (m)	**długopis** (m)	[dwu'gɔpis]
pluma (f) estilográfica	**pióro** (n)	['pyrɔ]
lápiz (m)	**ołówek** (m)	[ɔ'wuvɛk]
marcador (m)	**marker** (m)	['markɛr]
rotulador (m)	**flamaster** (m)	[fʎa'mastɛr]
bloc (m) de notas	**notes** (m)	['nɔtɛs]
agenda (f)	**kalendarz** (m)	[ka'lendaʃ]
regla (f)	**linijka** (ż)	[li'nijka]
calculadora (f)	**kalkulator** (m)	[kaʎku'ʎatɔr]
goma (f) de borrar	**gumka** (ż)	['gumka]
chincheta (f)	**pinezka** (ż)	[pi'nɛska]
clip (m)	**spinacz** (m)	['spinatʃ]
cola (f), pegamento (m)	**klej** (m)	[klej]
grapadora (f)	**zszywacz** (m)	['sʃɨvatʃ]
perforador (m)	**dziurkacz** (m)	['dʒyrkatʃ]
sacapuntas (m)	**temperówka** (ż)	[tɛmpɛ'rufka]

47. Los idiomas extranjeros

lengua (f)	**język** (m)	['enzɨk]
lengua (f) extranjera	**obcy język** (m)	['ɔbtsɨ 'enzɨk]
estudiar (vt)	**studiować**	[stud^{h}ɜvatʃ]
aprender (ingles, etc.)	**uczyć się**	['utʃitʃ ɕɛ̃]
leer (vi, vt)	**czytać**	['tʃɨtatʃ]
hablar (vi, vt)	**mówić**	['muvitʃ]
comprender (vt)	**rozumieć**	[rɔ'zumetʃ]
escribir (vt)	**pisać**	['pisatʃ]
rápidamente (adv)	**szybko**	['ʃɨpkɔ]
lentamente (adv)	**wolno**	['vɔʎnɔ]
con fluidez (adv)	**swobodnie**	[sfɔ'bɔdne]
reglas (f pl)	**reguły** (l.mn.)	[rɛ'guwɨ]
gramática (f)	**gramatyka** (ż)	[gra'matɨka]
vocabulario (m)	**słownictwo** (n)	[swɔv'nitstfɔ]
fonética (f)	**fonetyka** (ż)	[fɔ'nɛtɨka]
manual (m)	**podręcznik** (m)	[pɔd'rɛntʃnik]
diccionario (m)	**słownik** (m)	['swɔvnik]
manual (m) autodidáctico	**samouczek** (m)	[samɔ'utʃɛk]
guía (f) de conversación	**rozmówki** (l.mn.)	[rɔz'mufki]
casete (m)	**kaseta** (ż)	[ka'sɛta]

videocasete (f)	**kaseta** (ż) **wideo**	[ka'sɛta vi'dɛɔ]
disco compacto, CD (m)	**płyta CD** (ż)	['pwɨta si'di]
DVD (m)	**płyta DVD** (ż)	['pwɨta divi'di]
alfabeto (m)	**alfabet** (m)	[aʎ'fabɛt]
deletrear (vt)	**przeliterować**	[pʃɛlite'rɔvatʃ]
pronunciación (f)	**wymowa** (ż)	[vɨ'mɔva]
acento (m)	**akcent** (m)	['aktsɛnt]
con acento	**z akcentem**	[z ak'tsɛntɛm]
sin acento	**bez akcentu**	[bɛz ak'tsɛntu]
palabra (f)	**wyraz** (m), **słowo** (n)	['vɨras], ['svɔvɔ]
significado (m)	**znaczenie** (n)	[zna'tʃɛnie]
cursos (m pl)	**kurs** (m)	[kurs]
inscribirse (vr)	**zapisać się**	[za'pisatʃ ɕɛ̃]
profesor (m) (~ de inglés)	**wykładowca** (m)	[vɨkwa'dɔftsa]
traducción (f) (proceso)	**tłumaczenie** (n)	[twumat'ʃɛne]
traducción (f) (texto)	**przekład** (m)	['pʃɛkwat]
traductor (m)	**tłumacz** (m)	['twumatʃ]
intérprete (m)	**tłumacz** (m)	['twumatʃ]
políglota (m)	**poliglota** (m)	[pɔlig'lɜta]
memoria (f)	**pamięć** (ż)	['pamɛ̃tʃ]

LAS COMIDAS. EL RESTAURANTE

48. Los cubiertos
49. El restaurante
50. Las comidas
51. Los platos
52. La comida
53. Las bebidas
54. Las verduras
55. Las frutas. Las nueces
56. El pan. Los dulces
57. Las especias

T&P Books Publishing

48. Los cubiertos

cuchara (f)	**łyżka** (ż)	['wɨʃka]
cuchillo (m)	**nóż** (m)	[nuʃ]
tenedor (m)	**widelec** (m)	[vi'dɛlets]
taza (f)	**filiżanka** (ż)	[fili'ʒaŋka]
plato (m)	**talerz** (m)	['taleʃ]
platillo (m)	**spodek** (m)	['spɔdɛk]
servilleta (f)	**serwetka** (ż)	[sɛr'vɛtka]
mondadientes (m)	**wykałaczka** (ż)	[vɨka'watʃka]

49. El restaurante

restaurante (m)	**restauracja** (ż)	[rɛstau'ratsʰja]
cafetería (f)	**kawiarnia** (ż)	[ka'vʲarɲa]
bar (m)	**bar** (m)	[bar]
salón (m) de té	**herbaciarnia** (ż)	[hɛrba'tʃʲarɲa]
camarero (m)	**kelner** (m)	['kɛʎnɛr]
camarera (f)	**kelnerka** (ż)	[kɛʎ'nɛrka]
barman (m)	**barman** (m)	['barman]
carta (f), menú (m)	**menu** (n)	['menu]
carta (f) de vinos	**karta** (ż) **win**	['karta vin]
reservar una mesa	**zarezerwować stolik**	[zarɛzɛrvɔvatʃ 'stɔlik]
plato (m)	**danie** (n)	['dane]
pedir (vt)	**zamówić**	[za'muvitʃ]
hacer un pedido	**zamówić**	[za'muvitʃ]
aperitivo (m)	**aperitif** (m)	[apɛri'tif]
entremés (m)	**przystawka** (ż)	[pʃɨs'tafka]
postre (m)	**deser** (m)	['dɛsɛr]
cuenta (f)	**rachunek** (m)	[ra'hunɛk]
pagar la cuenta	**zapłacić rachunek**	[zap'watʃitʃ ra'hunɛk]
dar la vuelta	**wydać resztę**	['vɨdatʃ 'rɛʃtɛ̃]
propina (f)	**napiwek** (m)	[na'pivɛk]

50. Las comidas

comida (f)	**jedzenie** (n)	[e'dzɛne]
comer (vi, vt)	**jeść**	[eɕtʃ]

desayuno (m)	**śniadanie** (n)	[ɕɲa'dane]
desayunar (vi)	**jeść śniadanie**	[eɕʧ ɕɲa'dane]
almuerzo (m)	**obiad** (m)	['ɔbʲat]
almorzar (vi)	**jeść obiad**	[eɕʧ 'ɔbʲat]
cena (f)	**kolacja** (ż)	[kɔ'ʎaʦʰja]
cenar (vi)	**jeść kolację**	[eɕʧ kɔ'ʎaʦʰɛ̃]
apetito (m)	**apetyt** (m)	[a'pɛtɨt]
¡Que aproveche!	**Smacznego!**	[smaʧ'nɛgɔ]
abrir (vt)	**otwierać**	[ɔt'feraʧ]
derramar (líquido)	**rozlać**	['rɔzʎaʧ]
derramarse (líquido)	**rozlać się**	['rɔzʎaʧ ɕɛ̃]
hervir (vi)	**gotować się**	[gɔ'tɔvaʧ ɕɛ̃]
hervir (vt)	**gotować**	[gɔ'tɔvaʧ]
hervido (agua ~a)	**gotowany**	[gɔtɔ'vanɨ]
enfriar (vt)	**ostudzić**	[ɔs'tuʤiʧ]
enfriarse (vr)	**stygnąć**	['stɨgnɔ̃ʧ]
sabor (m)	**smak** (m)	[smak]
regusto (m)	**posmak** (m)	['pɔsmak]
adelgazar (vi)	**odchudzać się**	[ɔd'huʣaʧ ɕɛ̃]
dieta (f)	**dieta** (ż)	['dʰeta]
vitamina (f)	**witamina** (ż)	[vita'mina]
caloría (f)	**kaloria** (ż)	[ka'lɜrja]
vegetariano (m)	**wegetarianin** (m)	[vɛgɛtarʰ'janin]
vegetariano (adj)	**wegetariański**	[vɛgɛtarʰ'jaɲski]
grasas (f pl)	**tłuszcze** (l.mn.)	['twuʃʧɛ]
proteínas (f pl)	**białka** (l.mn.)	['bʲawka]
carbohidratos (m pl)	**węglowodany** (l.mn.)	[vɛnɛ̃ʒvɔ'danɨ]
loncha (f)	**plasterek** (m)	[pʎas'tɛrɛk]
pedazo (m)	**kawałek** (m)	[ka'vawɛk]
miga (f)	**okruchek** (m)	[ɔk'ruhɛk]

51. Los platos

plato (m)	**danie** (n)	['dane]
cocina (f)	**kuchnia** (ż)	['kuhɲa]
receta (f)	**przepis** (m)	['pʃɛpis]
porción (f)	**porcja** (ż)	['pɔrʦʰja]
ensalada (f)	**sałatka** (ż)	[sa'watka]
sopa (f)	**zupa** (ż)	['zupa]
caldo (m)	**rosół** (m)	['rɔsuw]
bocadillo (m)	**kanapka** (ż)	[ka'napka]
huevos (m pl) fritos	**jajecznica** (ż)	[jaeʧ'niʦa]

hamburguesa (f)	**hamburger** (m)	[ham'burgɛr]
bistec (m)	**befsztyk** (m)	['bɛfʃtɨk]
guarnición (f)	**dodatki** (l.mn.)	[dɔ'datki]
espagueti (m)	**spaghetti** (n)	[spa'gɛtti]
pizza (f)	**pizza** (ż)	['pitsa]
gachas (f pl)	**kasza** (ż)	['kaʃa]
tortilla (f) francesa	**omlet** (m)	['ɔmlɛt]
cocido en agua (adj)	**gotowany**	[gɔtɔ'vanɨ]
ahumado (adj)	**wędzony**	[vɛ̃'dzɔnɨ]
frito (adj)	**smażony**	[sma'ʒɔnɨ]
seco (adj)	**suszony**	[su'ʃɔnɨ]
congelado (adj)	**mrożony**	[mrɔ'ʒɔnɨ]
marinado (adj)	**marynowany**	[marɨnɔ'vanɨ]
azucarado, dulce (adj)	**słodki**	['swɔtki]
salado (adj)	**słony**	['swɔnɨ]
frío (adj)	**zimny**	['ʒimnɨ]
caliente (adj)	**gorący**	[gɔ'rɔ̃tsɨ]
amargo (adj)	**gorzki**	['gɔʃki]
sabroso (adj)	**smaczny**	['smatʃnɨ]
cocer en agua	**gotować**	[gɔ'tɔvatʃ]
preparar (la cena)	**gotować**	[gɔ'tɔvatʃ]
freír (vt)	**smażyć**	['smaʒɨtʃ]
calentar (vt)	**odgrzewać**	[ɔdg'ʒɛvatʃ]
salar (vt)	**solić**	['sɔlitʃ]
poner pimienta	**pieprzyć**	['pepʃitʃ]
rallar (vt)	**trzeć**	[tʃɛtʃ]
piel (f)	**skórka** (ż)	['skurka]
pelar (vt)	**obierać**	[ɔ'beratʃ]

52. La comida

carne (f)	**mięso** (n)	['mensɔ]
gallina (f)	**kurczak** (m)	['kurtʃak]
pollo (m)	**kurczak** (m)	['kurtʃak]
pato (m)	**kaczka** (ż)	['katʃka]
ganso (m)	**gęś** (ż)	[gɛ̃ɕ]
caza (f) menor	**dziczyzna** (ż)	[dʒit'ʃizna]
pava (f)	**indyk** (m)	['indɨk]
carne (f) de cerdo	**wieprzowina** (ż)	[vepʃɔ'vina]
carne (f) de ternera	**cielęcina** (ż)	[tʃelɛ̃'tʃina]
carne (f) de carnero	**baranina** (ż)	[bara'nina]
carne (f) de vaca	**wołowina** (ż)	[vɔwɔ'vina]
conejo (m)	**królik** (m)	['krulik]
salchichón (m)	**kiełbasa** (ż)	[kew'basa]

salchicha (f)	**parówka** (ż)	[pa'rufka]
beicon (m)	**boczek** (m)	['bɔʧɛk]
jamón (m)	**szynka** (ż)	['ʃiŋka]
jamón (m) fresco	**szynka** (ż)	['ʃiŋka]
paté (m)	**pasztet** (m)	['paʃtɛt]
hígado (m)	**wątróbka** (ż)	[vɔ̃t'rupka]
carne (f) picada	**farsz** (m)	[farʃ]
lengua (f)	**ozór** (m)	['ɔzur]
huevo (m)	**jajko** (n)	['jajkɔ]
huevos (m pl)	**jajka** (l.mn.)	['jajka]
clara (f)	**białko** (n)	['bʲawkɔ]
yema (f)	**żółtko** (n)	['ʒuwtkɔ]
pescado (m)	**ryba** (ż)	['rɨba]
mariscos (m pl)	**owoce** (l.mn.) **morza**	[ɔ'vɔʦɛ 'mɔʒa]
caviar (m)	**kawior** (m)	['kavɜr]
cangrejo (m) de mar	**krab** (m)	[krap]
camarón (m)	**krewetka** (ż)	[krɛ'vɛtka]
ostra (f)	**ostryga** (ż)	[ɔst'rɨga]
langosta (f)	**langusta** (ż)	[ʎa'ŋusta]
pulpo (m)	**ośmiornica** (ż)	[ɔɕmɜr'niʦa]
calamar (m)	**kałamarnica** (ż)	[kawamar'niʦa]
esturión (m)	**mięso** (n) **jesiotra**	['mensɔ e'ɕɜtra]
salmón (m)	**łosoś** (m)	['wɔsɔɕ]
fletán (m)	**halibut** (m)	[ha'libut]
bacalao (m)	**dorsz** (m)	[dɔrʃ]
caballa (f)	**makrela** (ż)	[mak'rɛla]
atún (m)	**tuńczyk** (m)	['tuɲʧɨk]
anguila (f)	**węgorz** (m)	['vɛŋɔʃ]
trucha (f)	**pstrąg** (m)	[pstrɔ̃k]
sardina (f)	**sardynka** (ż)	[sar'dɨŋka]
lucio (m)	**szczupak** (m)	['ʃʧupak]
arenque (m)	**śledź** (m)	[ɕleʧ]
pan (m)	**chleb** (m)	[hlep]
queso (m)	**ser** (m)	[sɛr]
azúcar (m)	**cukier** (m)	['ʦuker]
sal (f)	**sól** (ż)	[suʎ]
arroz (m)	**ryż** (m)	[rɨʃ]
macarrones (m pl)	**makaron** (m)	[ma'karɔn]
tallarines (m pl)	**makaron** (m)	[ma'karɔn]
mantequilla (f)	**masło** (n) **śmietankowe**	['maswɔ ɕmeta'ŋkɔvɛ]
aceite (m) vegetal	**olej** (m) **roślinny**	['ɔlej rɔɕliŋɨ]
aceite (m) de girasol	**olej** (m) **słonecznikowy**	['ɔlej swɔnɛʧnikɔvɨ]

margarina (f)	**margaryna** (ż)	[marga'rɨna]
olivas, aceitunas (f pl)	**oliwki** (ż, l.mn.)	[ɔ'lifki]
aceite (m) de oliva	**olej** (m) **oliwkowy**	['ɔlej ɔlif'kɔvɨ]
leche (f)	**mleko** (n)	['mlekɔ]
leche (f) condensada	**mleko skondensowane**	['mlekɔ skɔndɛnsɔ'vanɛ]
yogur (m)	**jogurt** (m)	[ʒgurt]
nata (f) agria	**śmietana** (ż)	[ɕme'tana]
nata (f) líquida	**śmietanka** (ż)	[ɕme'taŋka]
mayonesa (f)	**majonez** (m)	[maʒnɛs]
crema (f) de mantequilla	**krem** (m)	[krɛm]
cereales (m pl) integrales	**kasza** (ż)	['kaʃa]
harina (f)	**mąka** (ż)	['mɔ̃ka]
conservas (f pl)	**konserwy** (l.mn.)	[kɔn'sɛrvɨ]
copos (m pl) de maíz	**płatki** (l.mn.) **kukurydziane**	['pwatki kukurɨ'dʒʲanɛ]
miel (f)	**miód** (m)	[myt]
confitura (f)	**dżem** (m)	[dʒɛm]
chicle (m)	**guma** (ż) **do żucia**	['guma dɔ 'ʒutʃʲa]

53. Las bebidas

agua (f)	**woda** (ż)	['vɔda]
agua (f) potable	**woda** (ż) **pitna**	['vɔda 'pitna]
agua (f) mineral	**woda** (ż) **mineralna**	['vɔda minɛ'raʎna]
sin gas	**niegazowana**	[nega'zɔvana]
gaseoso (adj)	**gazowana**	[ga'zɔvana]
con gas	**gazowana**	[ga'zɔvana]
hielo (m)	**lód** (m)	[lyt]
con hielo	**z lodem**	[z 'lɜdɛm]
sin alcohol	**bezalkoholowy**	[bɛzaʎkɔhɔ'lɜvɨ]
bebida (f) sin alcohol	**napój** (m) **bezalkoholowy**	['napuj bɛzalkɔhɔ'lɜvɨ]
refresco (m)	**napój** (m) **orzeźwiający**	['napuj ɔʒɛʑʲvjaɔ̃tsɨ]
limonada (f)	**lemoniada** (ż)	[lemɔ'ɲjada]
bebidas (f pl) alcohólicas	**napoje** (l.mn.) **alkoholowe**	[na'pɔe aʎkɔhɔ'lɜvɛ]
vino (m)	**wino** (n)	['vinɔ]
vino (m) blanco	**białe wino** (n)	['bʲawɛ 'vinɔ]
vino (m) tinto	**czerwone wino** (n)	[tʃɛr'vɔnɛ 'vinɔ]
licor (m)	**likier** (m)	['liker]
champaña (f)	**szampan** (m)	['ʃampan]
vermú (m)	**wermut** (m)	['vɛrmut]
whisky (m)	**whisky** (ż)	[u'iski]
vodka (m)	**wódka** (ż)	['vutka]

ginebra (f)	**dżin** (m), **gin** (m)	[ʤin]
coñac (m)	**koniak** (m)	['kɔɲjak]
ron (m)	**rum** (m)	[rum]
café (m)	**kawa** (ż)	['kava]
café (m) solo	**czarna kawa** (ż)	['ʧarna 'kava]
café (m) con leche	**kawa** (ż) **z mlekiem**	['kava z 'mlekem]
capuchino (m)	**cappuccino** (n)	[kapu'ʧinɔ]
café (m) soluble	**kawa** (ż) **rozpuszczalna**	['kava rɔspuʃt'ʃaʎna]
leche (f)	**mleko** (n)	['mlekɔ]
cóctel (m)	**koktajl** (m)	['kɔktajʎ]
batido (m)	**koktajl** (m) **mleczny**	['kɔktajʎ 'mleʧnɨ]
zumo (m), jugo (m)	**sok** (m)	[sɔk]
jugo (m) de tomate	**sok** (m) **pomidorowy**	[sɔk pɔmidɔ'rɔvɨ]
zumo (m) de naranja	**sok** (m) **pomarańczowy**	[sɔk pɔmaraɲt'ʃɔvɨ]
zumo (m) fresco	**sok** (m) **ze świeżych owoców**	[sɔk zɛ 'ɕfeʒɨh ɔ'vɔʦuf]
cerveza (f)	**piwo** (n)	['pivɔ]
cerveza (f) rubia	**piwo** (n) **jasne**	[pivɔ 'jasnɛ]
cerveza (f) negra	**piwo** (n) **ciemne**	[pivɔ 'ʧemnɛ]
té (m)	**herbata** (ż)	[hɛr'bata]
té (m) negro	**czarna herbata** (ż)	['ʧarna hɛr'bata]
té (m) verde	**zielona herbata** (ż)	[ʒe'lɜna hɛr'bata]

54. Las verduras

legumbres (f pl)	**warzywa** (l.mn.)	[va'ʒɨva]
verduras (f pl)	**włoszczyzna** (ż)	[vwɔʃt'ʃɨzna]
tomate (m)	**pomidor** (m)	[pɔ'midɔr]
pepino (m)	**ogórek** (m)	[ɔ'gurɛk]
zanahoria (f)	**marchew** (ż)	['marhɛf]
patata (f)	**ziemniak** (m)	[ʒem'ɲak]
cebolla (f)	**cebula** (ż)	[ʦɛ'buʎa]
ajo (m)	**czosnek** (m)	['ʧɔsnɛk]
col (f)	**kapusta** (ż)	[ka'pusta]
coliflor (f)	**kalafior** (m)	[ka'ʎafɜr]
col (f) de Bruselas	**brukselka** (ż)	[bruk'sɛʎka]
brócoli (m)	**brokuły** (l.mn.)	[brɔ'kuwɨ]
remolacha (f)	**burak** (m)	['burak]
berenjena (f)	**bakłażan** (m)	[bak'waʒan]
calabacín (m)	**kabaczek** (m)	[ka'baʧɛk]
calabaza (f)	**dynia** (ż)	['dɨɲa]
nabo (m)	**rzepa** (ż)	['ʒɛpa]

perejil (m)	**pietruszka** (ż)	[pet'ruʃka]
eneldo (m)	**koperek** (m)	[kɔ'pɛrɛk]
lechuga (f)	**sałata** (ż)	[sa'wata]
apio (m)	**seler** (m)	['sɛler]
espárrago (m)	**szparagi** (l.mn.)	[ʃpa'ragi]
espinaca (f)	**szpinak** (m)	['ʃpinak]
guisante (m)	**groch** (m)	[grɔh]
habas (f pl)	**bób** (m)	[bup]
maíz (m)	**kukurydza** (ż)	[kuku'rɨʣa]
fréjol (m)	**fasola** (ż)	[fa'sɔʎa]
pimiento (m) dulce	**słodka papryka** (ż)	['swɔdka pap'rɨka]
rábano (m)	**rzodkiewka** (ż)	[ʒɔt'kefka]
alcachofa (f)	**karczoch** (m)	['kartʃɔh]

55. Las frutas. Las nueces

fruto (m)	**owoc** (m)	['ɔvɔʦ]
manzana (f)	**jabłko** (n)	['jabkɔ]
pera (f)	**gruszka** (ż)	['gruʃka]
limón (m)	**cytryna** (ż)	[ʦɨt'rɨna]
naranja (f)	**pomarańcza** (ż)	[pɔma'raɲʧa]
fresa (f)	**truskawka** (ż)	[trus'kafka]
mandarina (f)	**mandarynka** (ż)	[manda'rɨŋka]
ciruela (f)	**śliwka** (ż)	['ɕlifka]
melocotón (m)	**brzoskwinia** (ż)	[bʒɔsk'fiɲa]
albaricoque (m)	**morela** (ż)	[mɔ'rɛʎa]
frambuesa (f)	**malina** (ż)	[ma'lina]
piña (f)	**ananas** (m)	[a'nanas]
banana (f)	**banan** (m)	['banan]
sandía (f)	**arbuz** (m)	['arbus]
uva (f)	**winogrona** (l.mn.)	[vinɔg'rɔna]
guinda (f)	**wiśnia** (ż)	['viɕɲa]
cereza (f)	**czereśnia** (ż)	[ʧɛ'rɛɕɲa]
melón (m)	**melon** (m)	['mɛlɔn]
pomelo (m)	**grejpfrut** (m)	['grɛjpfrut]
aguacate (m)	**awokado** (n)	[avɔ'kadɔ]
papaya (f)	**papaja** (ż)	[pa'paja]
mango (m)	**mango** (n)	['maŋɔ]
granada (f)	**granat** (m)	['granat]
grosella (f) roja	**czerwona porzeczka** (ż)	[ʧɛr'vɔna pɔ'ʒɛʧka]
grosella (f) negra	**czarna porzeczka** (ż)	['ʧarna pɔ'ʒɛʧka]
grosella (f) espinosa	**agrest** (m)	['agrɛst]
arándano (m)	**borówka** (ż) **czarna**	[bɔ'rɔfka 'ʧarna]
zarzamoras (f pl)	**jeżyna** (ż)	[e'ʒɨna]

pasas (f pl)	**rodzynek** (m)	[rɔ'dʑɨnɛk]
higo (m)	**figa** (ż)	['figa]
dátil (m)	**daktyl** (m)	['daktɨl]
cacahuete (m)	**orzeszek** (l.mn.) **ziemny**	[ɔ'ʒɛʃɛk 'ʒemnɛ]
almendra (f)	**migdał** (m)	['migdaw]
nuez (f)	**orzech** (m) **włoski**	['ɔʒɛh 'vwɔski]
avellana (f)	**orzech** (m) **laskowy**	['ɔʒɛh ʎas'kɔvɨ]
nuez (f) de coco	**orzech** (m) **kokosowy**	['ɔʒɛh kɔkɔ'sɔvɨ]
pistachos (m pl)	**fistaszki** (l.mn.)	[fis'taʃki]

56. El pan. Los dulces

pasteles (m pl)	**wyroby** (l.mn.) **cukiernicze**	[vɨ'rɔbɨ ʦuker'niʧɛ]
pan (m)	**chleb** (m)	[hlep]
galletas (f pl)	**herbatniki** (l.mn.)	[hɛrbat'niki]
chocolate (m)	**czekolada** (ż)	[ʧɛkɔ'ʎada]
de chocolate (adj)	**czekoladowy**	[ʧɛkɔʎa'dɔvɨ]
caramelo (m)	**cukierek** (m)	[ʦu'kerɛk]
tarta (f) (pequeña)	**ciastko** (n)	['ʧastkɔ]
tarta (f) (~ de cumpleaños)	**tort** (m)	[tɔrt]
tarta (f) (~ de manzana)	**ciasto** (n)	['ʧastɔ]
relleno (m)	**nadzienie** (n)	[na'ʤene]
confitura (f)	**konfitura** (ż)	[kɔnfi'tura]
mermelada (f)	**marmolada** (ż)	[marmɔ'ʎada]
gofre (m)	**wafle** (l.mn.)	['vafle]
helado (m)	**lody** (l.mn.)	['lɜdɨ]

57. Las especias

sal (f)	**sól** (ż)	[suʎ]
salado (adj)	**słony**	['swɔnɨ]
salar (vt)	**solić**	['sɔliʧ]
pimienta (f) negra	**pieprz** (m) **czarny**	[pepʃ 'ʧarnɨ]
pimienta (f) roja	**papryka** (ż)	[pap'rɨka]
mostaza (f)	**musztarda** (ż)	[muʃ'tarda]
rábano (m) picante	**chrzan** (m)	[hʃan]
condimento (m)	**przyprawa** (ż)	[pʃɨp'rava]
especia (f)	**przyprawa** (ż)	[pʃɨp'rava]
salsa (f)	**sos** (m)	[sɔs]
vinagre (m)	**ocet** (m)	['ɔʦet]
anís (m)	**anyż** (m)	['anɨʃ]
albahaca (f)	**bazylia** (ż)	[ba'zɨʎja]

clavo (m)	**goździki** (l.mn.)	['gɔʑʲdʒiki]
jengibre (m)	**imbir** (m)	['imbir]
cilantro (m)	**kolendra** (ż)	[kɔ'lendra]
canela (f)	**cynamon** (m)	[tsɨ'namɔn]
sésamo (m)	**sezam** (m)	['sɛzam]
hoja (f) de laurel	**liść** (m) **laurowy**	[liɕtʃ ʎau'rɔvɨ]
paprika (f)	**papryka** (ż)	[pap'rɨka]
comino (m)	**kminek** (m)	['kminɛk]
azafrán (m)	**szafran** (m)	['ʃafran]

LA INFORMACIÓN PERSONAL. LA FAMILIA

58. La información personal. Los formularios
59. Los familiares. Los parientes
60. Los amigos. Los compañeros del trabajo

T&P Books Publishing

58. La información personal. Los formularios

nombre (m)	**imię** (n)	['imɛ̃]
apellido (m)	**nazwisko** (n)	[naz'viskɔ]
fecha (f) de nacimiento	**data** (ż) **urodzenia**	['data urɔ'dzɛɲa]
lugar (m) de nacimiento	**miejsce** (n) **urodzenia**	['mejstsɛ urɔ'dzɛɲa]
nacionalidad (f)	**narodowość** (ż)	[narɔ'dɔvɔɕtʃ]
domicilio (m)	**miejsce** (n) **zamieszkania**	['mejstse zameʃ'kaɲa]
país (m)	**kraj** (m)	[kraj]
profesión (f)	**zawód** (m)	['zavut]
sexo (m)	**płeć** (ż)	['pwɛtʃ]
estatura (f)	**wzrost** (m)	[vzrɔst]
peso (m)	**waga** (ż)	['vaga]

59. Los familiares. Los parientes

madre (f)	**matka** (ż)	['matka]
padre (m)	**ojciec** (m)	['ɔjtʃets]
hijo (m)	**syn** (m)	[sɨn]
hija (f)	**córka** (ż)	['tsurka]
hija (f) menor	**młodsza córka** (ż)	['mwɔtʃa 'tsurka]
hijo (m) menor	**młodszy syn** (m)	['mwɔtʃɨ sɨn]
hija (f) mayor	**starsza córka** (ż)	['starʃa 'tsurka]
hijo (m) mayor	**starszy syn** (m)	['starʃɨ sɨn]
hermano (m)	**brat** (m)	[brat]
hermana (f)	**siostra** (ż)	['ɕɜstra]
primo (m)	**kuzyn** (m)	['kuzɨn]
prima (f)	**kuzynka** (ż)	[ku'zɨŋka]
mamá (f)	**mama** (ż)	['mama]
papá (m)	**tata** (m)	['tata]
padres (pl)	**rodzice** (l.mn.)	[rɔ'dʒitsɛ]
niño -a (m, f)	**dziecko** (n)	['dʒetskɔ]
niños (pl)	**dzieci** (l.mn.)	['dʒetʃi]
abuela (f)	**babcia** (ż)	['babtʃʲa]
abuelo (m)	**dziadek** (m)	['dʒʲadɛk]
nieto (m)	**wnuk** (m)	[vnuk]
nieta (f)	**wnuczka** (ż)	['vnutʃka]
nietos (pl)	**wnuki** (l.mn.)	['vnuki]

tío (m) **wujek** (m) ['vuek]
tía (f) **ciocia** (ż) ['ʧɔʧʲa]
sobrino (m) **bratanek** (m), **siostrzeniec** (m) [bra'tanɛk], [sɜst'ʃɛnets]
sobrina (f) **bratanica** (ż), **siostrzenica** (ż) [brata'nitsa], [sɜst'ʃɛnitsa]

suegra (f) **teściowa** (ż) [tɛɕ'ʧɔva]
suegro (m) **teść** (m) [tɛɕʧ]
yerno (m) **zięć** (m) [ʒɛ̃ʧ]
madrastra (f) **macocha** (ż) [ma'tsɔha]
padrastro (m) **ojczym** (m) ['ɔjʧɨm]

niño (m) de pecho **niemowlę** (n) [ne'mɔvlɛ̃]
bebé (m) **niemowlę** (n) [ne'mɔvlɛ̃]
chico (m) **maluch** (m) ['malyh]

mujer (f) **żona** (ż) ['ʒɔna]
marido (m) **mąż** (m) [mɔ̃ʃ]
esposo (m) **małżonek** (m) [maw'ʒɔnɛk]
esposa (f) **małżonka** (ż) [maw'ʒɔŋka]

casado (adj) **żonaty** [ʒɔ'natɨ]
casada (adj) **zamężna** [za'mɛnʒna]
soltero (adj) **nieżonaty** [neʒɔ'natɨ]
soltero (m) **kawaler** (m) [ka'valer]
divorciado (adj) **rozwiedziony** [rɔzve'ʤɜnɨ]
viuda (f) **wdowa** (ż) ['vdɔva]
viudo (m) **wdowiec** (m) ['vdɔvets]

pariente (m) **krewny** (m) ['krɛvnɨ]
pariente (m) cercano **bliski krewny** (m) ['bliski 'krɛvnɨ]
pariente (m) lejano **daleki krewny** (m) [da'leki 'krɛvnɨ]
parientes (pl) **rodzina** (ż) [rɔ'ʤina]

huérfano (m), huérfana (f) **sierota** (ż) [ɕe'rɔta]
tutor (m) **opiekun** (m) [ɔ'pekun]
adoptar (un niño) **zaadoptować** [za:dɔp'tɔvaʧ]
adoptar (una niña) **zaadoptować** [za:dɔp'tɔvaʧ]

60. Los amigos. Los compañeros del trabajo

amigo (m) **przyjaciel** (m) [pʃɨ'jaʧeʎ]
amiga (f) **przyjaciółka** (ż) [pʃɨja'ʧuwka]
amistad (f) **przyjaźń** (ż) ['pʃɨjaʑʲɲ]
ser amigo **przyjaźnić się** [pʃɨ'jaʑʲniʧ ɕɛ̃]

amigote (m) **kumpel** (m) ['kumpɛʎ]
amiguete (f) **kumpela** (ż) [kum'pɛʎa]
compañero (m) **partner** (m) ['partnɛr]

jefe (m)	**szef** (m)	[ʃɛf]
superior (m)	**kierownik** (m)	[ke'rɔvnik]
subordinado (m)	**podwładny** (m)	[pɔdv'wadnɨ]
colega (m, f)	**koleżanka** (ż)	[kɔle'ʒaŋka]
conocido (m)	**znajomy** (m)	[znaɜmɨ]
compañero (m) de viaje	**towarzysz** (m) **podróży**	[tɔ'vaʒɨʃ pɔd'ruʒɨ]
condiscípulo (m)	**kolega** (m) **z klasy**	[kɔ'lega s 'kʎasɨ]
vecino (m)	**sąsiad** (m)	['sɔ̃ɕat]
vecina (f)	**sąsiadka** (ż)	[sɔ̃'ɕatka]
vecinos (pl)	**sąsiedzi** (l.mn.)	[sɔ̃'ɕedʒi]

EL CUERPO. LA MEDICINA

61. La cabeza
62. El cuerpo
63. Las enfermedades
64. Los síntomas. Los tratamientos. Unidad 1
65. Los síntomas. Los tratamientos. Unidad 2
66. Los síntomas. Los tratamientos. Unidad 3
67. La medicina. Las drogas. Los accesorios

T&P Books Publishing

61. La cabeza

cabeza (f)	**głowa** (ż)	['gwɔva]
cara (f)	**twarz** (ż)	[tfaʃ]
nariz (f)	**nos** (m)	[nɔs]
boca (f)	**usta** (l.mn.)	['usta]
ojo (m)	**oko** (n)	['ɔkɔ]
ojos (m pl)	**oczy** (l.mn.)	['ɔʧɨ]
pupila (f)	**źrenica** (ż)	[ʑʲre'niʦa]
ceja (f)	**brew** (ż)	[brɛf]
pestaña (f)	**rzęsy** (l.mn.)	['ʒɛnsɨ]
párpado (m)	**powieka** (ż)	[pɔ'veka]
lengua (f)	**język** (m)	['enzɨk]
diente (m)	**ząb** (m)	[zɔ̃mp]
labios (m pl)	**wargi** (l.mn.)	['vargi]
pómulos (m pl)	**kości** (l.mn.) **policzkowe**	['kɔɕʧi pɔliʧ'kɔvɛ]
encía (f)	**dziąsło** (n)	[ʤɔ̃swɔ]
paladar (m)	**podniebienie** (n)	[pɔdne'bene]
ventanas (f pl)	**nozdrza** (l.mn.)	['nɔzʤa]
mentón (m)	**podbródek** (m)	[pɔdb'rudek]
mandíbula (f)	**szczęka** (ż)	['ʃʧɛŋka]
mejilla (f)	**policzek** (m)	[pɔ'liʧɛk]
frente (f)	**czoło** (n)	['ʧɔwɔ]
sien (f)	**skroń** (ż)	[skrɔɲ]
oreja (f)	**ucho** (n)	['uhɔ]
nuca (f)	**potylica** (ż)	[pɔtɨ'liʦa]
cuello (m)	**szyja** (ż)	['ʃɨja]
garganta (f)	**gardło** (n)	['gardwɔ]
pelo, cabello (m)	**włosy** (l.mn.)	['vwɔsɨ]
peinado (m)	**fryzura** (ż)	[frɨ'zura]
corte (m) de pelo	**uczesanie** (n)	[uʧɛ'sane]
peluca (f)	**peruka** (ż)	[pɛ'ruka]
bigote (m)	**wąsy** (l.mn.)	['vɔ̃sɨ]
barba (f)	**broda** (ż)	['brɔda]
tener (~ la barba)	**nosić**	['nɔɕiʧ]
trenza (f)	**warkocz** (m)	['varkɔʧ]
patillas (f pl)	**baczki** (l.mn.)	['baʧki]
pelirrojo (adj)	**rudy**	['rudɨ]
gris, canoso (adj)	**siwy**	['ɕivɨ]

calvo (adj)	**łysy**	['wɨsɨ]
calva (f)	**łysina** (ż)	[wɨ'ɕina]
cola (f) de caballo	**koński ogon** (m)	['kɔɲski 'ɔgɔn]
flequillo (m)	**grzywka** (ż)	['gʒɨfka]

62. El cuerpo

mano (f)	**dłoń** (ż)	[dwɔɲ]
brazo (m)	**ręka** (ż)	['rɛŋka]
dedo (m)	**palec** (m)	['palets]
dedo (m) pulgar	**kciuk** (m)	['ktʃuk]
dedo (m) meñique	**mały palec** (m)	['mawɨ 'palets]
uña (f)	**paznokieć** (m)	[paz'nɔketʃ]
puño (m)	**pięść** (ż)	[pɛ̃ɕtʃ]
palma (f)	**dłoń** (ż)	[dwɔɲ]
muñeca (f)	**nadgarstek** (m)	[nad'garstɛk]
antebrazo (m)	**przedramię** (n)	[pʃɛd'ramɛ̃]
codo (m)	**łokieć** (n)	['wɔketʃ]
hombro (m)	**ramię** (n)	['ramɛ̃]
pierna (f)	**noga** (ż)	['nɔga]
planta (f)	**stopa** (ż)	['stɔpa]
rodilla (f)	**kolano** (n)	[kɔ'ʎanɔ]
pantorrilla (f)	**łydka** (ż)	['wɨtka]
cadera (f)	**biodro** (n)	['bɜdrɔ]
talón (m)	**pięta** (ż)	['penta]
cuerpo (m)	**ciało** (n)	['tʃʲawɔ]
vientre (m)	**brzuch** (m)	[bʒuh]
pecho (m)	**pierś** (ż)	[perɕ]
seno (m)	**piersi** (l.mn.)	['perɕi]
lado (m), costado (m)	**bok** (m)	[bɔk]
espalda (f)	**plecy** (l.mn.)	['pletsɨ]
zona (f) lumbar	**krzyż** (m)	[kʃɨʃ]
cintura (f), talle (m)	**talia** (ż)	['taʎja]
ombligo (m)	**pępek** (m)	['pɛ̃pɛk]
nalgas (f pl)	**pośladki** (l.mn.)	[pɔɕ'ʎatki]
trasero (m)	**tyłek** (m)	['tɨwɛk]
lunar (m)	**pieprzyk** (m)	['pepʃɨk]
marca (f) de nacimiento	**znamię** (n)	['znamɛ̃]
tatuaje (m)	**tatuaż** (m)	[ta'tuaʃ]
cicatriz (f)	**blizna** (ż)	['blizna]

63. Las enfermedades

enfermedad (f)	**choroba** (ż)	[hɔ'rɔba]
estar enfermo	**chorować**	[hɔ'rɔvatʃ]
salud (f)	**zdrowie** (n)	['zdrɔve]
resfriado (m) (coriza)	**katar** (m)	['katar]
angina (f)	**angina** (ż)	[aŋina]
resfriado (m)	**przeziębienie** (n)	[pʃɛʒɛ̃'bene]
resfriarse (vr)	**przeziębić się**	[pʃɛ'ʒembitʃ ɕɛ̃]
bronquitis (f)	**zapalenie** (n) **oskrzeli**	[zapa'lɛne ɔsk'ʃɛli]
pulmonía (f)	**zapalenie** (n) **płuc**	[zapa'lɛne pwuts]
gripe (f)	**grypa** (ż)	['grɨpa]
miope (adj)	**krótkowzroczny**	[krutkɔvz'rɔtʃnɨ]
présbita (adj)	**dalekowzroczny**	[dalekɔvz'rɔtʃnɨ]
estrabismo (m)	**zez** (m)	[zɛs]
estrábico (m) (adj)	**zezowaty**	[zɛzɔ'vatɨ]
catarata (f)	**katarakta** (ż)	[kata'rakta]
glaucoma (m)	**jaskra** (ż)	['jaskra]
insulto (m)	**wylew** (m)	['vɨlef]
ataque (m) cardiaco	**zawał** (m)	['zavaw]
infarto (m) de miocardio	**zawał** (m) **mięśnia sercowego**	['zavaw 'mɛ̃ɕɲa sɛrtsɔ'vɛgɔ]
parálisis (f)	**paraliż** (m)	[pa'raliʃ]
paralizar (vt)	**sparaliżować**	[sparali'ʒɔvatʃ]
alergia (f)	**alergia** (ż)	[a'lerg^hja]
asma (f)	**astma** (ż)	['astma]
diabetes (f)	**cukrzyca** (ż)	[tsuk'ʃɨtsa]
dolor (m) de muelas	**ból** (m) **zęba**	[buʎ 'zɛ̃ba]
caries (f)	**próchnica** (ż)	[pruh'nitsa]
diarrea (f)	**rozwolnienie** (n)	[rɔzvɔʎ'nene]
estreñimiento (m)	**zaparcie** (n)	[za'partʃe]
molestia (f) estomacal	**rozstrój** (m) **żołądka**	['rɔsstruj ʒɔ'wɔ̃tka]
envenenamiento (m)	**zatrucie** (n) **pokarmowe**	[zat'rutʃe pɔkar'mɔvɛ]
envenenarse (vr)	**zatruć się**	['zatrutʃ ɕɛ̃]
artritis (f)	**artretyzm** (m)	[art'rɛtɨzm]
raquitismo (m)	**krzywica** (ż)	[kʃɨ'vitsa]
reumatismo (m)	**reumatyzm** (m)	[rɛu'matɨzm]
ateroesclerosis (f)	**miażdżyca** (ż)	[mʲaʒ'dʒɨtsa]
gastritis (f)	**nieżyt** (m) **żołądka**	['neʒɨt ʒɔ'wɔ̃tka]
apendicitis (f)	**zapalenie** (n) **wyrostka robaczkowego**	[zapa'lene vɨ'rɔstka rɔbatʃkɔ'vɛgɔ]
úlcera (f)	**wrzód** (m)	[vʒut]

sarampión (m)	**odra** (ż)	['ɔdra]
rubeola (f)	**różyczka** (ż)	[ru'ʒɨtʃka]
ictericia (f)	**żółtaczka** (ż)	[ʒuw'tatʃka]
hepatitis (f)	**zapalenie** (n) **wątroby**	[zapa'lene vɔ̃t'rɔbɨ]
esquizofrenia (f)	**schizofrenia** (ż)	[shizɔf'rɛnʰja]
rabia (f) (hidrofobia)	**wścieklizna** (ż)	[vɕtʃek'lizna]
neurosis (f)	**nerwica** (ż)	[nɛr'vitsa]
conmoción (f) cerebral	**wstrząs** (m) **mózgu**	[fstʃɔ̃s 'muzgu]
cáncer (m)	**rak** (m)	[rak]
esclerosis (f)	**stwardnienie** (n)	[stvard'nenie]
esclerosis (m) múltiple	**stwardnienie** (n) **rozsiane**	[stfard'nene rɔz'ɕanɛ]
alcoholismo (m)	**alkoholizm** (m)	[aʎkɔ'hɔlizm]
alcohólico (m)	**alkoholik** (m)	[aʎkɔ'hɔlik]
sífilis (f)	**syfilis** (m)	[sɨ'filis]
SIDA (m)	**AIDS** (m)	[ɛjts]
tumor (m)	**nowotwór** (m)	[nɔ'vɔtfur]
maligno (adj)	**złośliwa**	[zwɔɕ'liva]
benigno (adj)	**niezłośliwa**	[nezwɔɕ'liva]
fiebre (f)	**febra** (ż)	['fɛbra]
malaria (f)	**malaria** (ż)	[ma'ʎarʰja]
gangrena (f)	**gangrena** (ż)	[gaŋ'rɛna]
mareo (m)	**choroba** (ż) **morska**	[hɔ'rɔba 'mɔrska]
epilepsia (f)	**padaczka** (ż)	[pa'datʃka]
epidemia (f)	**epidemia** (ż)	[ɛpi'dɛmʰja]
tifus (m)	**tyfus** (m)	['tɨfus]
tuberculosis (f)	**gruźlica** (ż)	[gruʑʲ'litsa]
cólera (f)	**cholera** (ż)	[hɔ'lera]
peste (f)	**dżuma** (ż)	['dʒuma]

64. Los síntomas. Los tratamientos. Unidad 1

síntoma (m)	**objaw** (m)	['ɔbʰjaf]
temperatura (f)	**temperatura** (ż)	[tɛmpɛra'tura]
fiebre (f)	**gorączka** (ż)	[gɔ'rɔ̃tʃka]
pulso (m)	**puls** (m)	[puʎs]
mareo (m) (vértigo)	**zawrót** (m) **głowy**	['zavrut 'gwɔvɨ]
caliente (adj)	**gorący**	[gɔ'rɔ̃tsɨ]
escalofrío (m)	**dreszcz** (m)	['drɛʃtʃ]
pálido (adj)	**blady**	['bʎadɨ]
tos (f)	**kaszel** (m)	['kaʃɛʎ]
toser (vi)	**kaszleć**	['kaʃletʃ]
estornudar (vi)	**kichać**	['kihatʃ]

desmayo (m)	**omdlenie** (n)	[ɔmd'lene]
desmayarse (vr)	**zemdleć**	['zɛmdleʧ]
moradura (f)	**siniak** (m)	['ɕiɲak]
chichón (m)	**guz** (m)	[gus]
golpearse (vr)	**uderzyć się**	[u'dɛʒɨʧ ɕɛ̃]
magulladura (f)	**stłuczenie** (n)	[stwut'ʃɛne]
magullarse (vr)	**potłuc się**	['pɔtwuʦ ɕɛ̃]
cojear (vi)	**kuleć**	['kuleʧ]
dislocación (f)	**zwichnięcie** (n)	[zvih'nɛ̃ʧe]
dislocar (vt)	**zwichnąć**	['zvihnɔ̃ʧ]
fractura (f)	**złamanie** (n)	[zwa'mane]
tener una fractura	**otrzymać złamanie**	[ɔt'ʃɨmaʧ zwa'mane]
corte (m) (tajo)	**skaleczenie** (n)	[skalet'ʃɛne]
cortarse (vr)	**skaleczyć się**	[ska'leʧɨʧ ɕɛ̃]
hemorragia (f)	**krwotok** (m)	['krfɔtɔk]
quemadura (f)	**oparzenie** (n)	[ɔpa'ʒɛne]
quemarse (vr)	**poparzyć się**	[pɔ'paʒɨʧ ɕɛ̃]
pincharse (~ el dedo)	**ukłuć**	['ukwuʧ]
pincharse (vr)	**ukłuć się**	['ukwuʧ ɕɛ̃]
herir (vt)	**uszkodzić**	[uʃ'kɔʤiʧ]
herida (f)	**uszkodzenie** (n)	[uʃkɔ'ʣɛne]
lesión (f) (herida)	**rana** (ż)	['rana]
trauma (m)	**uraz** (m)	['uras]
delirar (vi)	**bredzić**	['brɛʤiʧ]
tartamudear (vi)	**jąkać się**	[ɔ̃kaʧ ɕɛ̃]
insolación (f)	**udar** (m) **słoneczny**	['udar swɔ'nɛʧnɨ]

65. Los síntomas. Los tratamientos. Unidad 2

dolor (m)	**ból** (m)	[buʎ]
astilla (f)	**drzazga** (ż)	['ʤazga]
sudor (m)	**pot** (m)	[pɔt]
sudar (vi)	**pocić się**	['pɔʧiʧ ɕɛ̃]
vómito (m)	**wymiotowanie** (n)	[vɨmɜtɔ'vane]
convulsiones (f pl)	**drgawki** (l.mn.)	['drgavki]
embarazada (adj)	**ciężarna** (ż)	[ʧɛ̃'ʒarna]
nacer (vi)	**urodzić się**	[u'rɔʤiʧ ɕɛ̃]
parto (m)	**poród** (m)	['pɔrut]
dar a luz	**rodzić**	['rɔʤiʧ]
aborto (m)	**aborcja** (ż)	[a'bɔrʦʰja]
respiración (f)	**oddech** (m)	['ɔddɛh]
inspiración (f)	**wdech** (m)	[vdɛh]

espiración (f) **wydech** (m) ['vɨdɛh]
espirar (vi) **zrobić wydech** ['zrɔbiʧ 'vɨdɛh]
inspirar (vi) **zrobić wdech** ['zrɔbiʧ vdɛh]

inválido (m) **niepełnosprawny** (m) [nepɛwnɔsp'ravnɨ]
mutilado (m) **kaleka** (m, ż) [ka'leka]
drogadicto (m) **narkoman** (m) [nar'kɔman]

sordo (adj) **niesłyszący, głuchy** [neswɨ'ʃɔ̃ʦɨ], ['gwuhɨ]
mudo (adj) **niemy** ['nemɨ]
sordomudo (adj) **głuchoniemy** [gwuhɔ'nemɨ]

loco (adj) **zwariowany** [zvar^{h}ɜ'vanɨ]
loco (m) **wariat** (m) ['var^{h}jat]
loca (f) **wariatka** (ż) [var^{h}'jatka]
volverse loco **stracić rozum** ['straʧiʧ rɔzum]

gen (m) **gen** (m) [gɛn]
inmunidad (f) **odporność** (ż) [ɔt'pɔrnɔɕʧ]
hereditario (adj) **dziedziczny** [ʤe'ʤiʧnɨ]
de nacimiento (adj) **wrodzony** [vrɔ'ʣɔnɨ]

virus (m) **wirus** (m) ['virus]
microbio (m) **mikrob** (m) ['mikrɔb]
bacteria (f) **bakteria** (ż) [bak'tɛr^{h}ja]
infección (f) **infekcja** (ż) [in'fɛkʦ^{h}ja]

66. Los síntomas. Los tratamientos. Unidad 3

hospital (m) **szpital** (m) ['ʃpitaʎ]
paciente (m) **pacjent** (m) ['paʦ^{h}ent]

diagnosis (f) **diagnoza** (ż) [d^{h}jag'nɔza]
cura (f) **leczenie** (n) [let'ʃɛne]
tratamiento (m) **leczenie** (n) [let'ʃɛne]
curarse (vr) **leczyć się** ['leʧɨʧ ɕɛ̃]
tratar (vt) **leczyć** ['leʧɨʧ]
cuidar (a un enfermo) **opiekować się** [ɔpe'kɔvaʧ ɕɛ̃]
cuidados (m pl) **opieka** (ż) [ɔ'peka]

operación (f) **operacja** (ż) [ɔpɛ'raʦ^{h}ja]
vendar (vt) **opatrzyć** [ɔ'paʧɨʧ]
vendaje (m) **opatrunek** (m) [ɔpat'runɛk]

vacunación (f) **szczepionka** (m) [ʃʧɛ'pɜŋka]
vacunar (vt) **szczepić** ['ʃʧɛpiʧ]
inyección (f) **zastrzyk** (m) ['zasʧɨk]
aplicar una inyección **robić zastrzyk** ['rɔbiʧ 'zasʧɨk]
amputación (f) **amputacja** (ż) [ampu'taʦ^{h}ja]
amputar (vt) **amputować** [ampu'tɔvaʧ]

coma (m)	**śpiączka** (ż)	[ɕpɔ̃tʃka]
estar en coma	**być w śpiączce**	[bɨtʃ f ɕpɔ̃tʃtse]
revitalización (f)	**reanimacja** (ż)	[rɛani'matsʰja]
recuperarse (vr)	**wracać do zdrowia**	['vratsatʃ dɔ 'zdrɔvʲa]
estado (m) (de salud)	**stan** (m)	[stan]
consciencia (f)	**przytomność** (ż)	[pʃɨ'tɔmnɔɕtʃ]
memoria (f)	**pamięć** (ż)	['pamɛ̃tʃ]
extraer (un diente)	**usuwać**	[u'suvatʃ]
empaste (m)	**plomba** (ż)	['plɜmba]
empastar (vt)	**plombować**	[plɜm'bɔvatʃ]
hipnosis (f)	**hipnoza** (ż)	[hip'nɔza]
hipnotizar (vt)	**hipnotyzować**	[hipnɔtɨ'zɔvatʃ]

67. La medicina. Las drogas. Los accesorios

medicamento (m), droga (f)	**lekarstwo** (n)	[le'karstfɔ]
remedio (m)	**środek** (m)	['ɕrɔdɛk]
prescribir (vt)	**zapisać**	[za'pisatʃ]
receta (f)	**recepta** (ż)	[rɛ'tsɛpta]
tableta (f)	**tabletka** (ż)	[tab'letka]
ungüento (m)	**maść** (ż)	[maɕtʃ]
ampolla (f)	**ampułka** (ż)	[am'puwka]
mixtura (f), mezcla (f)	**mikstura** (ż)	[miks'tura]
sirope (m)	**syrop** (m)	['sɨrɔp]
píldora (f)	**pigułka** (ż)	[pi'guwka]
polvo (m)	**proszek** (m)	['prɔʃɛk]
venda (f)	**bandaż** (m)	['bandaʃ]
algodón (m) (discos de ~)	**wata** (ż)	['vata]
yodo (m)	**jodyna** (ż)	[ɜ'dɨna]
tirita (f), curita (f)	**plaster** (m)	['pʎaster]
pipeta (f)	**zakraplacz** (m)	[zak'rapʎatʃ]
termómetro (m)	**termometr** (m)	[tɛr'mɔmɛtr]
jeringa (f)	**strzykawka** (ż)	[stʃɨ'kafka]
silla (f) de ruedas	**wózek** (m) **inwalidzki**	['vɔzɛk inva'lidzki]
muletas (f pl)	**kule** (l.mn.)	['kule]
anestésico (m)	**środek** (m) **przeciwbólowy**	['ɕrɔdɛk pʃɛtʃifbɔ'lɔvɨ]
purgante (m)	**środek** (m) **przeczyszczający**	['ɕrɔdɛk pʃɛtʃiʃtʃaɔ̃tsɨ]
alcohol (m)	**spirytus** (m)	[spi'ritus]
hierba (f) medicinal	**zioła** (l.mn.) **lecznicze**	[ʒi'ɔla lɛtʃ'nitʃɛ]
de hierbas (té ~)	**ziołowy**	[ʒɜ'wɔvɨ]

EL APARTAMENTO

68. El apartamento
69. Los muebles. El interior
70. Los accesorios de cama
71. La cocina
72. El baño
73. Los aparatos domésticos

T&P Books Publishing

68. El apartamento

apartamento (m)	**mieszkanie** (n)	[meʃkane]
habitación (f)	**pokój** (m)	['pɔkuj]
dormitorio (m)	**sypialnia** (ż)	[sɨ'pʲaʎɲa]
comedor (m)	**jadalnia** (ż)	[ja'daʎɲa]
salón (m)	**salon** (m)	['salɔn]
despacho (m)	**gabinet** (m)	[ga'binɛt]
antecámara (f)	**przedpokój** (m)	[pʃɛt'pɔkuj]
cuarto (m) de baño	**łazienka** (ż)	[wa'ʒeŋka]
servicio (m)	**toaleta** (ż)	[tɔa'leta]
techo (m)	**sufit** (m)	['sufit]
suelo (m)	**podłoga** (ż)	[pɔd'wɔga]
rincón (m)	**kąt** (m)	[kɔ̃t]

69. Los muebles. El interior

muebles (m pl)	**meble** (l.mn.)	['mɛble]
mesa (f)	**stół** (m)	[stɔw]
silla (f)	**krzesło** (n)	['kʃɛswɔ]
cama (f)	**łóżko** (n)	['wuʃkɔ]
sofá (m)	**kanapa** (ż)	[ka'napa]
sillón (m)	**fotel** (m)	['fɔtɛʎ]
librería (f)	**biblioteczka** (ż)	[bibʎjɔ'tɛʧka]
estante (m)	**półka** (ż)	['puwka]
armario (m)	**szafa** (ż) **ubraniowa**	['ʃafa ubra'nɜva]
percha (f)	**wieszak** (m)	['veʃak]
perchero (m) de pie	**wieszak** (m)	['veʃak]
cómoda (f)	**komoda** (ż)	[kɔ'mɔda]
mesa (f) de café	**stolik** (m) **kawowy**	['stɔlik ka'vɔvɨ]
espejo (m)	**lustro** (n)	['lystrɔ]
tapiz (m)	**dywan** (m)	['dɨvan]
alfombra (f)	**dywanik** (m)	[dɨ'vanik]
chimenea (f)	**kominek** (m)	[kɔ'minɛk]
vela (f)	**świeca** (ż)	['ɕfeʦa]
candelero (m)	**świecznik** (m)	['ɕfeʧnik]
cortinas (f pl)	**zasłony** (l.mn.)	[zas'wɔnɨ]

empapelado (m)	**tapety** (l.mn.)	[ta'pɛtɨ]
estor (m) de láminas	**żaluzje** (l.mn.)	[ʒa'lyzʰe]
lámpara (f) de mesa	**lampka** (ż) **na stół**	['ʎampka na stɔw]
aplique (m)	**lampka** (ż)	['ʎampka]
lámpara (f) de pie	**lampa** (ż) **stojąca**	['ʎampa stɔ̃:tsa]
lámpara (f) de araña	**żyrandol** (m)	[ʒɨ'randɔʎ]
pata (f) (~ de la mesa)	**noga** (ż)	['nɔga]
brazo (m)	**poręcz** (ż)	['pɔrɛ̃tʃ]
espaldar (m)	**oparcie** (n)	[ɔ'partʃe]
cajón (m)	**szuflada** (ż)	[ʃuf'ʎada]

70. Los accesorios de cama

ropa (f) de cama	**pościel** (ż)	['pɔɕtʃeʎ]
almohada (f)	**poduszka** (ż)	[pɔ'duʃka]
funda (f)	**poszewka** (ż)	[pɔ'ʃɛfka]
manta (f)	**kołdra** (ż)	['kɔwdra]
sábana (f)	**prześcieradło** (n)	[pʃɛɕtʃe'radwɔ]
sobrecama (f)	**narzuta** (ż)	[na'ʒuta]

71. La cocina

cocina (f)	**kuchnia** (ż)	['kuhɲa]
gas (m)	**gaz** (m)	[gas]
cocina (f) de gas	**kuchenka** (ż) **gazowa**	[ku'hɛŋka ga'zɔva]
cocina (f) eléctrica	**kuchenka** (ż) **elektryczna**	[ku'hɛŋka ɛlekt'rɨtʃna]
horno (m)	**piekarnik** (m)	[pe'karnik]
horno (m) microondas	**mikrofalówka** (ż)	[mikrɔfa'lyfka]
frigorífico (m)	**lodówka** (ż)	[lɜ'dufka]
congelador (m)	**zamrażarka** (ż)	[zamra'ʒarka]
lavavajillas (m)	**zmywarka** (ż) **do naczyń**	[zmɨ'varka dɔ 'natʃiɲ]
picadora (f) de carne	**maszynka** (ż) **do mięsa**	[ma'ʃɨŋka dɔ 'mensa]
exprimidor (m)	**sokowirówka** (ż)	[sɔkɔvi'rufka]
tostador (m)	**toster** (m)	['tɔstɛr]
batidora (f)	**mikser** (m)	['miksɛr]
cafetera (f) (aparato de cocina)	**ekspres** (m) **do kawy**	['ɛksprɛs dɔ 'kavɨ]
cafetera (f) (para servir)	**dzbanek** (m) **do kawy**	['dzbanɛk dɔ 'kavɨ]
molinillo (m) de café	**młynek** (m) **do kawy**	['mwɨnɛk dɔ 'kavɨ]
hervidor (m) de agua	**czajnik** (m)	['tʃajnik]
tetera (f)	**czajniczek** (m)	[tʃaj'nitʃɛk]
tapa (f)	**pokrywka** (ż)	[pɔk'rɨfka]

colador (m) de té	**sitko** (n)	['ɕitkɔ]
cuchara (f)	**łyżka** (ż)	['wɨʃka]
cucharilla (f)	**łyżeczka** (ż)	[wɨ'ʒɛʧka]
cuchara (f) de sopa	**łyżka** (ż) **stołowa**	['wɨʃka stɔ'wɔva]
tenedor (m)	**widelec** (m)	[vi'dɛlets]
cuchillo (m)	**nóż** (m)	[nuʃ]
vajilla (f)	**naczynia** (l.mn.)	[nat'ʃɨɲa]
plato (m)	**talerz** (m)	['taleʃ]
platillo (m)	**spodek** (m)	['spɔdɛk]
vaso (m) de chupito	**kieliszek** (m)	[ke'liʃɛk]
vaso (m) (~ de agua)	**szklanka** (ż)	['ʃkʎaŋka]
taza (f)	**filiżanka** (ż)	[fili'ʒaŋka]
azucarera (f)	**cukiernica** (ż)	[tsuker'nitsa]
salero (m)	**solniczka** (ż)	[sɔʎ'niʧka]
pimentero (m)	**pieprzniczka** (ż)	[pepʃ'niʧka]
mantequera (f)	**maselniczka** (ż)	[masɛʎ'niʧka]
cacerola (f)	**garnek** (m)	['garnɛk]
sartén (f)	**patelnia** (ż)	[pa'tɛʎɲa]
cucharón (m)	**łyżka** (ż) **wazowa**	['wɨʃka va'zɔva]
colador (m)	**durszlak** (m)	['durʃʎak]
bandeja (f)	**taca** (ż)	['tatsa]
botella (f)	**butelka** (ż)	[bu'tɛʎka]
tarro (m) de vidrio	**słoik** (m)	['swɔik]
lata (f)	**puszka** (ż)	['puʃka]
abrebotellas (m)	**otwieracz** (m) **do butelek**	[ɔt'feratʃ dɛ bu'tɛlek]
abrelatas (m)	**otwieracz** (m) **do puszek**	[ɔt'feratʃ dɛ 'puʃɛk]
sacacorchos (m)	**korkociąg** (m)	[kɔr'kɔʧɔ̃k]
filtro (m)	**filtr** (m)	[fiʎtr]
filtrar (vt)	**filtrować**	[fiʎt'rɔvaʧ]
basura (f)	**odpadki** (l.mn.)	[ɔt'patki]
cubo (m) de basura	**kosz** (m) **na śmieci**	[kɔʃ na 'ɕmeʧi]

72. El baño

cuarto (m) de baño	**łazienka** (ż)	[wa'ʒeŋka]
agua (f)	**woda** (ż)	['vɔda]
grifo (m)	**kran** (m)	[kran]
agua (f) caliente	**gorąca woda** (ż)	[gɔ'rɔ̃tsa 'vɔda]
agua (f) fría	**zimna woda** (ż)	['ʒimna 'vɔda]
pasta (f) de dientes	**pasta** (ż) **do zębów**	['pasta dɔ 'zɛ̃buf]
limpiarse los dientes	**myć zęby**	[mɨʧ 'zɛ̃bɨ]
afeitarse (vr)	**golić się**	['gɔliʧ ɕɛ̃]

espuma (f) de afeitar	**pianka** (ż) **do golenia**	['pʲaŋka dɔ gɔ'leɲa]
maquinilla (f) de afeitar	**maszynka** (ż) **do golenia**	[ma'ʃɨŋka dɔ gɔ'leɲa]
lavar (vt)	**myć**	[mɨʧ]
darse un baño	**myć się**	['mɨʧ ɕɛ̃]
ducha (f)	**prysznic** (m)	['prɨʃnits]
darse una ducha	**brać prysznic**	[braʧ 'prɨʃnits]
bañera (f)	**wanna** (ż)	['vaŋa]
inodoro (m)	**sedes** (m)	['sɛdɛs]
lavabo (m)	**zlew** (m)	[zlef]
jabón (m)	**mydło** (n)	['mɨdwɔ]
jabonera (f)	**mydelniczka** (ż)	[mɨdɛʎ'niʧka]
esponja (f)	**gąbka** (ż)	['gɔ̃pka]
champú (m)	**szampon** (m)	['ʃampɔn]
toalla (f)	**ręcznik** (m)	['rɛnʧnik]
bata (f) de baño	**szlafrok** (m)	['ʃʎafrɔk]
colada (f), lavado (m)	**pranie** (n)	['prane]
lavadora (f)	**pralka** (ż)	['praʎka]
lavar la ropa	**prać**	[praʧ]
detergente (m) en polvo	**proszek** (m) **do prania**	['prɔʃɛk dɔ 'praɲa]

73. Los aparatos domésticos

televisor (m)	**telewizor** (m)	[tɛle'vizɔr]
magnetófono (m)	**magnetofon** (m)	[magnɛ'tɔfɔn]
vídeo (m)	**magnetowid** (m)	[magnɛ'tɔvid]
radio (m)	**odbiornik** (m)	[ɔd'bɜrnik]
reproductor (m) (~ MP3)	**odtwarzacz** (m)	[ɔtt'vaʒaʧ]
proyector (m) de vídeo	**projektor** (m) **wideo**	[prɔ'ektɔr vi'dɛɔ]
sistema (m) home cinema	**kino** (n) **domowe**	['kinɔ dɔ'mɔvɛ]
reproductor (m) de DVD	**odtwarzacz DVD** (m)	[ɔtt'vaʒaʧ di vi di]
amplificador (m)	**wzmacniacz** (m)	['vzmatsɲaʧ]
videoconsola (f)	**konsola** (ż) **do gier**	[kɔn'sɔʎa dɔ ger]
cámara (f) de vídeo	**kamera** (ż) **wideo**	[ka'mɛra vi'dɛɔ]
cámara (f) fotográfica	**aparat** (m) **fotograficzny**	[a'parat fɔtɔgra'fiʧnɨ]
cámara (f) digital	**aparat** (m) **cyfrowy**	[a'parat tsɨf'rɔvɨ]
aspirador (m), aspiradora (f)	**odkurzacz** (m)	[ɔt'kuʒaʧ]
plancha (f)	**żelazko** (n)	[ʒɛ'ʎaskɔ]
tabla (f) de planchar	**deska** (ż) **do prasowania**	['dɛska dɔ prasɔ'vaɲa]
teléfono (m)	**telefon** (m)	[tɛ'lefɔn]
teléfono (m) móvil	**telefon** (m) **komórkowy**	[tɛ'lefɔn kɔmur'kɔvɨ]
máquina (f) de escribir	**maszyna** (ż) **do pisania**	[ma'ʃɨna dɔ pi'saɲa]

máquina (f) de coser	**maszyna** (ż) **do szycia**	[ma'ʃina dɔ 'ʃitʃa]
micrófono (m)	**mikrofon** (m)	[mik'rɔfɔn]
auriculares (m pl)	**słuchawki** (l.mn.)	[swu'hafki]
mando (m) a distancia	**pilot** (m)	['pilɜt]
CD (m)	**płyta CD** (ż)	['pwɨta si'di]
casete (m)	**kaseta** (ż)	[ka'sɛta]
disco (m) de vinilo	**płyta** (ż)	['pwɨta]

LA TIERRA. EL TIEMPO

74. El espacio
75. La tierra
76. Los puntos cardinales
77. El mar. El océano
78. Los nombres de los mares y los océanos
79. Las montañas
80. Los nombres de las montañas
81. Los ríos
82. Los nombres de los ríos
83. El bosque
84. Los recursos naturales
85. El tiempo
86. Los eventos climáticos severos. Los desastres naturales

T&P Books Publishing

74. El espacio

cosmos (m)	**kosmos** (m)	['kɔsmɔs]
espacial, cósmico (adj)	**kosmiczny**	[kɔs'mitʃnɨ]
espacio (m) cósmico	**przestrzeń** (ż) **kosmiczna**	['pʃɛstʃɛɲ kɔs'mitʃna]
mundo (m)	**świat** (m)	[ɕfʲat]
universo (m)	**wszechświat** (m)	['fʃɛhɕfʲat]
galaxia (f)	**galaktyka** (ż)	[ga'ʎaktɨka]
estrella (f)	**gwiazda** (ż)	['gvʲazda]
constelación (f)	**gwiazdozbiór** (m)	[gvʲaz'dɔzbyr]
planeta (m)	**planeta** (ż)	[pʎa'nɛta]
satélite (m)	**satelita** (m)	[satɛ'lita]
meteorito (m)	**meteoryt** (m)	[mɛtɛ'ɔrɨt]
cometa (m)	**kometa** (ż)	[kɔ'mɛta]
asteroide (m)	**asteroida** (ż)	[astɛrɔ'ida]
órbita (f)	**orbita** (ż)	[ɔr'bita]
girar (vi)	**obracać się**	[ɔb'ratsatʃ ɕɛ̃]
atmósfera (f)	**atmosfera** (ż)	[atmɔs'fɛra]
Sol (m)	**Słońce** (n)	['swɔɲtsɛ]
sistema (m) solar	**Układ** (m) **Słoneczny**	['ukwad swɔ'nɛtʃnɨ]
eclipse (m) de Sol	**zaćmienie** (n) **słońca**	[zatʃ'mene 'swɔɲtsa]
Tierra (f)	**Ziemia** (ż)	['ʒemʲa]
Luna (f)	**Księżyc** (m)	['kɕenʒɨts]
Marte (m)	**Mars** (m)	[mars]
Venus (f)	**Wenus** (ż)	['vɛnus]
Júpiter (m)	**Jowisz** (m)	[ʒviʃ]
Saturno (m)	**Saturn** (m)	['saturn]
Mercurio (m)	**Merkury** (m)	[mɛr'kurɨ]
Urano (m)	**Uran** (m)	['uran]
Neptuno (m)	**Neptun** (m)	['nɛptun]
Plutón (m)	**Pluton** (m)	['plytɔn]
la Vía Láctea	**Droga** (ż) **Mleczna**	['drɔga 'mletʃna]
la Osa Mayor	**Wielki Wóz** (m)	['veʎki vus]
la Estrella Polar	**Gwiazda** (ż) **Polarna**	['gvʲazda pɔ'ʎarna]
marciano (m)	**Marsjanin** (m)	[marsʰ'janin]
extraterrestre (m)	**kosmita** (m)	[kɔs'mita]

planetícola (m)	**obcy** (m)	['ɔbtsɨ]
platillo (m) volante	**talerz** (m) **latający**	['taleʃ ʎataɔ̃tsɨ]
nave (f) espacial	**statek** (m) **kosmiczny**	['statɛk kɔs'mitʃnɨ]
estación (f) orbital	**stacja** (ż) **kosmiczna**	['statsʰja kɔs'mitʃna]
despegue (m)	**start** (m)	[start]
motor (m)	**silnik** (m)	['ɕiʎnik]
tobera (f)	**dysza** (ż)	['dɨʃa]
combustible (m)	**paliwo** (n)	[pa'livɔ]
carlinga (f)	**kabina** (ż)	[ka'bina]
antena (f)	**antena** (ż)	[an'tɛna]
ventana (f)	**iluminator** (m)	[ilymi'natɔr]
batería (f) solar	**bateria** (ż) **słoneczna**	[ba'tɛrʰja swɔ'nɛtʃna]
escafandra (f)	**skafander** (m)	[ska'fandɛr]
ingravidez (f)	**nieważkość** (ż)	[ne'vaʃkɔɕtʃ]
oxígeno (m)	**tlen** (m)	[tlen]
atraque (m)	**połączenie** (n)	[pɔwɔ̃t'ʃɛne]
realizar el atraque	**łączyć się**	['wɔ̃tʃɨtʃ ɕɛ̃]
observatorio (m)	**obserwatorium** (n)	[ɔbsɛrva'tɔrʰjum]
telescopio (m)	**teleskop** (m)	[tɛ'leskɔp]
observar (vt)	**obserwować**	[ɔbsɛr'vɔvatʃ]
explorar (~ el universo)	**badać**	['badatʃ]

75. La tierra

Tierra (f)	**Ziemia** (ż)	['ʒemʲa]
globo (m) terrestre	**kula** (ż) **ziemska**	['kuʎa 'ʒemska]
planeta (m)	**planeta** (ż)	[pʎa'nɛta]
atmósfera (f)	**atmosfera** (ż)	[atmɔs'fɛra]
geografía (f)	**geografia** (ż)	[gɛɔg'rafʰja]
naturaleza (f)	**przyroda** (ż)	[pʃɨ'rɔda]
globo (m) terráqueo	**globus** (m)	['glɜbus]
mapa (m)	**mapa** (ż)	['mapa]
atlas (m)	**atlas** (m)	['atʎas]
Europa (f)	**Europa** (ż)	[ɛu'rɔpa]
Asia (f)	**Azja** (ż)	['azʰja]
África (f)	**Afryka** (ż)	['afrɨka]
Australia (f)	**Australia** (ż)	[aust'raʎja]
América (f)	**Ameryka** (ż)	[a'mɛrɨka]
América (f) del Norte	**Ameryka** (ż) **Północna**	[a'mɛrɨka puw'nɔtsna]
América (f) del Sur	**Ameryka** (ż) **Południowa**	[a'mɛrɨka pɔwud'nɜva]

Antártida (f)	**Antarktyda** (ż)	[antark'tɨda]
Ártico (m)	**Arktyka** (ż)	['arktɨka]

76. Los puntos cardinales

norte (m)	**północ** (ż)	['puwnɔʦ]
al norte	**na północ**	[na 'puwnɔʦ]
en el norte	**na północy**	[na puw'nɔʦɨ]
del norte (adj)	**północny**	[puw'nɔʦnɨ]
sur (m)	**południe** (n)	[pɔ'wudne]
al sur	**na południe**	[na pɔ'wudne]
en el sur	**na południu**	[na pɔ'wudny]
del sur (adj)	**południowy**	[pɔwud'nɜvɨ]
oeste (m)	**zachód** (m)	['zahut]
al oeste	**na zachód**	[na 'zahut]
en el oeste	**na zachodzie**	[na za'hɔʤe]
del oeste (adj)	**zachodni**	[za'hɔdni]
este (m)	**wschód** (m)	[fshut]
al este	**na wschód**	['na fshut]
en el este	**na wschodzie**	[na 'fshɔʤe]
del este (adj)	**wschodni**	['fshɔdni]

77. El mar. El océano

mar (m)	**morze** (n)	['mɔʒɛ]
océano (m)	**ocean** (m)	[ɔ'ʦɛan]
golfo (m)	**zatoka** (ż)	[za'tɔka]
estrecho (m)	**cieśnina** (ż)	[ʧeɕ'nina]
tierra (f) firme	**ląd** (m)	[lɔ̃t]
continente (m)	**kontynent** (m)	[kɔn'tɨnɛnt]
isla (f)	**wyspa** (ż)	['vɨspa]
península (f)	**półwysep** (m)	[puw'vɨsɛp]
archipiélago (m)	**archipelag** (m)	[arhi'pɛʎak]
bahía (f)	**zatoka** (ż)	[za'tɔka]
ensenada, bahía (f)	**port** (m)	[pɔrt]
laguna (f)	**laguna** (ż)	[ʎa'guna]
cabo (m)	**przylądek** (m)	[pʃɨlɔ̃dɛk]
atolón (m)	**atol** (m)	['atɔʎ]
arrecife (m)	**rafa** (ż)	['rafa]
coral (m)	**koral** (m)	['kɔral]
arrecife (m) de coral	**rafa** (ż) **koralowa**	['rafa kɔra'lɜva]
profundo (adj)	**głęboki**	[gwɛ̃'bɔki]

profundidad (f)	**głębokość** (ż)	[gwɛ̃'bɔkɔɕtʃ]
abismo (m)	**otchłań** (ż)	['ɔthwaɲ]
fosa (f) oceánica	**rów** (m)	[ruf]
corriente (f)	**prąd** (m)	[prɔ̃t]
bañar (rodear)	**omywać**	[ɔ'mɨvatʃ]
orilla (f)	**brzeg** (m)	[bʒɛk]
costa (f)	**wybrzeże** (n)	[vɨb'ʒɛʒe]
flujo (m)	**przypływ** (m)	['pʃɨpwɨf]
reflujo (m)	**odpływ** (m)	['ɔtpwɨf]
banco (m) de arena	**mielizna** (ż)	[me'lizna]
fondo (m)	**dno** (n)	[dnɔ]
ola (f)	**fala** (ż)	['faʎa]
cresta (f) de la ola	**grzywa** (ż) **fali**	['gʒɨva 'fali]
espuma (f)	**piana** (ż)	['pʲana]
tempestad (f)	**burza** (ż)	['buʒa]
huracán (m)	**huragan** (m)	[hu'ragan]
tsunami (m)	**tsunami** (n)	[tsu'nami]
bonanza (f)	**cisza** (ż) **morska**	['tʃiʃa 'mɔrska]
calmo, tranquilo	**spokojny**	[spɔ'kɔjnɨ]
polo (m)	**biegun** (m)	['begun]
polar (adj)	**polarny**	[pɔ'ʎarnɨ]
latitud (f)	**szerokość** (ż)	[ʃɛ'rɔkɔɕtʃ]
longitud (f)	**długość** (ż)	['dwugɔɕtʃ]
paralelo (m)	**równoleżnik** (m)	[ruvnɔ'leʒnik]
ecuador (m)	**równik** (m)	['ruvnik]
cielo (m)	**niebo** (n)	['nebɔ]
horizonte (m)	**horyzont** (m)	[hɔ'rɨzɔnt]
aire (m)	**powietrze** (n)	[pɔ'vetʃɛ]
faro (m)	**latarnia** (ż) **morska**	[ʎa'tarɲa 'mɔrska]
bucear (vi)	**nurkować**	[nur'kɔvatʃ]
hundirse (vr)	**zatonąć**	[za'tɔ̃ɔɲtʃ]
tesoros (m pl)	**skarby** (l.mn.)	['skarbɨ]

78. Los nombres de los mares y los océanos

océano (m) Atlántico	**Ocean** (m) **Atlantycki**	[ɔ'tsɛan atlan'tɨtski]
océano (m) Índico	**Ocean** (m) **Indyjski**	[ɔ'tsɛan in'dɨjski]
océano (m) Pacífico	**Ocean** (m) **Spokojny**	[ɔ'tsɛan spɔ'kɔjnɨ]
océano (m) Glacial Ártico	**Ocean** (m) **Lodowaty Północny**	[ɔ'tsɛan lɔdɔ'vatɨ puw'nɔtsnɨ]
mar (m) Negro	**Morze** (n) **Czarne**	['mɔʒɛ 'tʃarnɛ]

mar (m) Rojo	**Morze** (n) **Czerwone**	['mɔʒɛ ʧɛr'vɔnɛ]
mar (m) Amarillo	**Morze** (n) **Żółte**	['mɔʒɛ 'ʒuwtɛ]
mar (m) Blanco	**Morze** (n) **Białe**	['mɔʒɛ 'b^{j}awɛ]
mar (m) Caspio	**Morze** (n) **Kaspijskie**	['mɔʒɛ kas'pijske]
mar (m) Muerto	**Morze** (n) **Martwe**	['mɔʒɛ 'martfɛ]
mar (m) Mediterráneo	**Morze** (n) **Śródziemne**	['mɔʒɛ ɕry'ʤemnɛ]
mar (m) Egeo	**Morze** (n) **Egejskie**	['mɔʒɛ ɛ'gejske]
mar (m) Adriático	**Morze** (n) **Adriatyckie**	['mɔʒɛ adr^{h}ja'tɨʦke]
mar (m) Arábigo	**Morze** (n) **Arabskie**	['mɔʒɛ a'rabske]
mar (m) del Japón	**Morze** (n) **Japońskie**	['mɔʒɛ ja'pɔɲske]
mar (m) de Bering	**Morze** (n) **Beringa**	['mɔʒɛ bɛ'riŋa]
mar (m) de la China Meridional	**Morze** (n) **Południowochińskie**	['mɔʒɛ pɔwud'nɜvɔ 'hiɲske]
mar (m) del Coral	**Morze** (n) **Koralowe**	['mɔʒɛ kɔra'lɜvɛ]
mar (m) de Tasmania	**Morze** (n) **Tasmana**	['mɔʒɛ tas'mana]
mar (m) Caribe	**Morze** (n) **Karaibskie**	['mɔʒɛ kara'ipske]
mar (m) de Barents	**Morze** (n) **Barentsa**	['mɔʒɛ ba'rɛnʦa]
mar (m) de Kara	**Morze** (n) **Karskie**	['mɔʒɛ 'karske]
mar (m) del Norte	**Morze** (n) **Północne**	['mɔʒɛ puw'nɔʦnɛ]
mar (m) Báltico	**Morze** (n) **Bałtyckie**	['mɔʒɛ baw'tɨʦke]
mar (m) de Noruega	**Morze** (n) **Norweskie**	['mɔʒɛ nɔr'vɛske]

79. Las montañas

montaña (f)	**góra** (ż)	['gura]
cadena (f) de montañas	**łańcuch** (m) **górski**	['waɲʦuh 'gurski]
cresta (f) de montañas	**grzbiet** (m) **górski**	[gʒbet 'gurski]
cima (f)	**szczyt** (m)	[ʃʧɨt]
pico (m)	**szczyt** (m)	[ʃʧɨt]
pie (m)	**podnóże** (n)	[pɔd'nuʒɛ]
cuesta (f)	**zbocze** (n)	['zbɔʧɛ]
volcán (m)	**wulkan** (m)	['vuʎkan]
volcán (m) activo	**czynny** (m) **wulkan**	['ʧɨŋɨ 'vuʎkan]
volcán (m) apagado	**wygasły** (m) **wulkan**	[vɨ'gaswɨ 'vuʎkan]
erupción (f)	**wybuch** (m)	['vɨbuh]
cráter (m)	**krater** (m)	['kratɛr]
magma (m)	**magma** (ż)	['magma]
lava (f)	**lawa** (ż)	['ʎava]
fundido (lava ~a)	**rozżarzony**	[rɔzʒa'ʒɔnɨ]
cañón (m)	**kanion** (m)	['kaɲjɔn]
desfiladero (m)	**wąwóz** (m)	['vɔ̃vus]

grieta (f)	**rozpadlina** (m)	[rɔspad'lina]
puerto (m) (paso)	**przełęcz** (ż)	['pʃɛwɛ̃tʃ]
meseta (f)	**płaskowyż** (m)	[pwas'kɔvɨʃ]
roca (f)	**skała** (ż)	['skawa]
colina (f)	**wzgórze** (ż)	['vzguʒɛ]
glaciar (m)	**lodowiec** (m)	[lɜ'dɔvets]
cascada (f)	**wodospad** (m)	[vɔ'dɔspat]
geiser (m)	**gejzer** (m)	['gɛjzɛr]
lago (m)	**jezioro** (m)	[e'ʒɜrɔ]
llanura (f)	**równina** (ż)	[ruv'nina]
paisaje (m)	**pejzaż** (m)	['pɛjzaʃ]
eco (m)	**echo** (n)	['ɛhɔ]
alpinista (m)	**alpinista** (m)	[aʎpi'nista]
escalador (m)	**wspinacz** (m)	['fspinatʃ]
conquistar (vt)	**pokonywać**	[pɔkɔ'nɨvatʃ]
ascensión (f)	**wspinaczka** (ż)	[fspi'natʃka]

80. Los nombres de las montañas

Alpes (m pl)	**Alpy** (l.mn.)	['aʎpɨ]
Montblanc (m)	**Mont Blanc** (m)	[mɔn blan]
Pirineos (m pl)	**Pireneje** (l.mn.)	[pirɛ'nɛe]
Cárpatos (m pl)	**Karpaty** (l.mn.)	[kar'patɨ]
Urales (m pl)	**Góry Uralskie** (l.mn.)	['gurɨ u'raʎske]
Cáucaso (m)	**Kaukaz** (m)	['kaukas]
Elbrus (m)	**Elbrus** (m)	['ɛʎbrus]
Altai (m)	**Ałtaj** (m)	['awtaj]
Pamir (m)	**Pamir** (m)	['pamir]
Himalayos (m pl)	**Himalaje** (l.mn.)	[hima'lae]
Everest (m)	**Mont Everest** (m)	[mɔnt ɛ'vɛrɛst]
Andes (m pl)	**Andy** (l.mn.)	['andɨ]
Kilimanjaro (m)	**Kilimandżaro** (ż)	[kiliman'dʒarɔ]

81. Los ríos

río (m)	**rzeka** (m)	['ʒɛka]
manantial (m)	**źródło** (n)	['ʑʲrudwɔ]
lecho (m) (curso de agua)	**koryto** (n)	[kɔ'rɨtɔ]
cuenca (f) fluvial	**dorzecze** (n)	[dɔ'ʒɛtʃɛ]
desembocar en ...	**wpadać**	['fpadatʃ]
afluente (m)	**dopływ** (m)	['dɔpwɨf]
ribera (f)	**brzeg** (m)	[bʒɛk]

corriente (f)	**prąd** (m)	[prɔ̃t]
río abajo (adv)	**z prądem**	[s 'prɔ̃dɛm]
río arriba (adv)	**pod prąd**	[pɔt prɔ̃t]
inundación (f)	**powódź** (ż)	['pɔvutʃ]
riada (f)	**wylew** (m) **rzeki**	['vɨlef 'ʒɛki]
desbordarse (vr)	**rozlewać się**	[rɔz'levatʃ ɕɛ̃]
inundar (vt)	**zatapiać**	[za'tap'atʃ]
bajo (m) arenoso	**mielizna** (ż)	[me'lizna]
rápido (m)	**próg** (m)	[pruk]
presa (f)	**tama** (ż)	['tama]
canal (m)	**kanał** (m)	['kanaw]
lago (m) artificiale	**zbiornik** (m) **wodny**	['zbɜrnik 'vɔdnɨ]
esclusa (f)	**śluza** (ż)	['ɕlyza]
cuerpo (m) de agua	**zbiornik** (m) **wodny**	['zbɜrnik 'vɔdnɨ]
pantano (m)	**bagno** (n)	['bagnɔ]
ciénaga (f)	**grzęzawisko** (n)	[gʒɛ̃za'viskɔ]
remolino (m)	**wir** (m) **wodny**	[vir 'vɔdnɨ]
arroyo (m)	**potok** (m)	['pɔtɔk]
potable (adj)	**pitny**	['pitnɨ]
dulce (agua ~)	**słodki**	['swɔtki]
hielo (m)	**lód** (m)	[lyt]
helarse (el lago, etc.)	**zamarznąć**	[za'marznɔ̃tʃ]

82. Los nombres de los ríos

Sena (m)	**Sekwana** (ż)	[sɛk'fana]
Loira (m)	**Loara** (ż)	[lɜ'ara]
Támesis (m)	**Tamiza** (ż)	[ta'miza]
Rin (m)	**Ren** (m)	[rɛn]
Danubio (m)	**Dunaj** (m)	['dunaj]
Volga (m)	**Wołga** (ż)	['vɔwga]
Don (m)	**Don** (m)	[dɔn]
Lena (m)	**Lena** (ż)	['lena]
Río (m) Amarillo	**Huang He** (ż)	[hu'aŋ hɛ]
Río (m) Azul	**Jangcy** (ż)	['jaŋtsɨ]
Mekong (m)	**Mekong** (m)	['mɛkɔŋ]
Ganges (m)	**Ganges** (m)	['gaŋɛs]
Nilo (m)	**Nil** (m)	[niʎ]
Congo (m)	**Kongo** (ż)	['kɔŋɔ]
Okavango (m)	**Okawango** (ż)	[ɔka'vaŋɔ]

Zambeze (m)	**Zambezi** (ż)	[zam'bɛzi]
Limpopo (m)	**Limpopo** (ż)	[lim'pɔpɔ]
Misisipi (m)	**Mississipi** (ż)	[missis'sipi]

83. El bosque

bosque (m)	**las** (m)	[ʎas]
de bosque (adj)	**leśny**	['leɕnɨ]
espesura (f)	**gąszcz** (ż)	[gɔ̃ʃʧ]
bosquecillo (m)	**gaj** (m), **lasek** (m)	[gaj], ['ʎasɛk]
claro (m)	**polana** (ż)	[pɔ'ʎana]
maleza (f)	**zarośla** (l.mn.)	[za'rɔɕʎa]
matorral (m)	**krzaki** (l.mn.)	['kʃaki]
senda (f)	**ścieżka** (ż)	['ɕʧeʃka]
barranco (m)	**wąwóz** (m)	['vɔ̃vus]
árbol (m)	**drzewo** (n)	['ʤɛvɔ]
hoja (f)	**liść** (m)	[liɕʧ]
follaje (m)	**listowie** (n)	[lis'tɔve]
caída (f) de hojas	**opadanie** (n) **liści**	[ɔpa'dane 'liɕʧi]
caer (las hojas)	**opadać**	[ɔ'padaʧ]
cima (f)	**wierzchołek** (m)	[veʃ'hɔwɛk]
rama (f)	**gałąź** (ż)	['gawɔ̃ɕ]
rama (f) (gruesa)	**sęk** (m)	[sɛ̃k]
brote (m)	**pączek** (m)	['pɔ̃ʧɛk]
aguja (f)	**igła** (ż)	['igwa]
piña (f)	**szyszka** (ż)	['ʃɨʃka]
agujero (m)	**dziupla** (ż)	['ʤypʎa]
nido (m)	**gniazdo** (n)	['gɲazdɔ]
tronco (m)	**pień** (m)	[peɲ]
raíz (f)	**korzeń** (m)	['kɔʒɛɲ]
corteza (f)	**kora** (ż)	['kɔra]
musgo (m)	**mech** (m)	[mɛh]
extirpar (vt)	**karczować**	[kart'ʃɔvaʧ]
talar (vt)	**ścinać**	['ɕʧinaʧ]
deforestar (vt)	**wycinać**	[vɨ'ʧinaʧ]
tocón (m)	**pieniek** (m)	['penek]
hoguera (f)	**ognisko** (n)	[ɔg'niskɔ]
incendio (m) forestal	**pożar** (m)	['pɔʒar]
apagar (~ el incendio)	**gasić**	['gaɕiʧ]
guarda (m) forestal	**leśnik** (m)	['leɕnik]

protección (f)	**ochrona** (ż)	[ɔh'rɔna]
proteger (vt)	**chronić**	['hrɔnitʃ]
cazador (m) furtivo	**kłusownik** (m)	[kwu'sɔvnik]
cepo (m)	**potrzask** (m)	['pɔtʃask]
recoger (setas, bayas)	**zbierać**	['zberatʃ]
perderse (vr)	**zabłądzić**	[zab'wɔ̃dʒitʃ]

84. Los recursos naturales

recursos (m pl) naturales	**zasoby** (l.mn.) **naturalne**	[za'sɔbɨ natu'raʎnɛ]
recursos (m pl) subterráneos	**kopaliny** (l.mn.) **użyteczne**	[kɔpa'linɨ uʒɨ'tɛtʃnɛ]
depósitos (m pl)	**złoża** (l.mn.)	['zwɔʒa]
yacimiento (m)	**złoże** (n)	['zwɔʒɛ]
extraer (vt)	**wydobywać**	[vɨdɔ'bɨvatʃ]
extracción (f)	**wydobywanie** (n)	[vɨdɔbɨ'vane]
mena (f)	**ruda** (ż)	['ruda]
mina (f)	**kopalnia** (ż) **rudy**	[kɔ'paʎɲa 'rudɨ]
pozo (m) de mina	**szyb** (m)	[ʃɨb]
minero (m)	**górnik** (m)	['gurnik]
gas (m)	**gaz** (m)	[gas]
gasoducto (m)	**gazociąg** (m)	[ga'zɔtʃɔ̃k]
petróleo (m)	**ropa** (ż) **naftowa**	['rɔpa naf'tɔva]
oleoducto (m)	**rurociąg** (m)	[ru'rɔtʃɔ̃k]
pozo (m) de petróleo	**szyb** (m) **naftowy**	[ʃɨp naf'tɔvɨ]
torre (f) de sondeo	**wieża** (ż) **wiertnicza**	['veʒa vert'nitʃa]
petrolero (m)	**tankowiec** (m)	[ta'ŋkɔvets]
arena (f)	**piasek** (m)	['pʲasɛk]
caliza (f)	**wapień** (m)	['vapeɲ]
grava (f)	**żwir** (m)	[ʒvir]
turba (f)	**torf** (m)	[tɔrf]
arcilla (f)	**glina** (ż)	['glina]
carbón (m)	**węgiel** (m)	['vɛŋeʎ]
hierro (m)	**żelazo** (n)	[ʒɛ'ʎazɔ]
oro (m)	**złoto** (n)	['zwɔtɔ]
plata (f)	**srebro** (n)	['srɛbrɔ]
níquel (m)	**nikiel** (n)	['nikeʎ]
cobre (m)	**miedź** (ż)	[metʃ]
zinc (m)	**cynk** (m)	[tsɨŋk]
manganeso (m)	**mangan** (m)	['maŋan]
mercurio (m)	**rtęć** (ż)	[rtɛ̃tʃ]
plomo (m)	**ołów** (m)	['ɔwuf]
mineral (m)	**minerał** (m)	[mi'nɛraw]
cristal (m)	**kryształ** (m)	['krɨʃtaw]

mármol (m)	**marmur** (m)	['marmur]
uranio (m)	**uran** (m)	['uran]

85. El tiempo

tiempo (m)	**pogoda** (ż)	[pɔ'gɔda]
previsión (f) del tiempo	**prognoza** (ż) **pogody**	[prɔg'nɔza pɔ'gɔdɨ]
temperatura (f)	**temperatura** (ż)	[tɛmpɛra'tura]
termómetro (m)	**termometr** (m)	[tɛr'mɔmɛtr]
barómetro (m)	**barometr** (m)	[ba'rɔmɛtr]
humedad (f)	**wilgoć** (ż)	['viʎgɔʧ]
bochorno (m)	**żar** (m)	[ʒar]
tórrido (adj)	**upalny, gorący**	[u'paʎnɨ], [gɔ'rɔ̃tsɨ]
hace mucho calor	**gorąco**	[gɔ'rɔ̃tsɔ]
hace calor (templado)	**ciepło**	['ʧepwɔ]
templado (adj)	**ciepły**	['ʧepwɨ]
hace frío	**zimno**	['ʒimnɔ]
frío (adj)	**zimny**	['ʒimnɨ]
sol (m)	**słońce** (n)	['swɔɲtsɛ]
brillar (vi)	**świecić**	['ɕfeʧiʧ]
soleado (un día ~)	**słoneczny**	[swɔ'nɛʧnɨ]
elevarse (el sol)	**wzejść**	[vzɛjɕʧ]
ponerse (vr)	**zajść**	[zajɕʧ]
nube (f)	**obłok** (m)	['ɔbwɔk]
nuboso (adj)	**zachmurzony**	[zahmu'ʒɔnɨ]
nubarrón (m)	**chmura** (ż)	['hmura]
nublado (adj)	**pochmurny**	[pɔh'murnɨ]
lluvia (f)	**deszcz** (m)	[dɛʃʧ]
está lloviendo	**pada deszcz**	['pada dɛʃʧ]
lluvioso (adj)	**deszczowy**	[dɛʃt'ʃɔvɨ]
lloviznar (vi)	**mżyć**	[mʒɨʧ]
aguacero (m)	**ulewny deszcz** (m)	[u'levnɨ dɛʃʧ]
chaparrón (m)	**ulewa** (ż)	[u'leva]
fuerte (la lluvia ~)	**silny**	['ɕiʎnɨ]
charco (m)	**kałuża** (ż)	[ka'wuʒa]
mojarse (vr)	**moknąć**	['mɔknɔ̃ʧ]
niebla (f)	**mgła** (ż)	[mgwa]
nebuloso (adj)	**mglisty**	['mglistɨ]
nieve (f)	**śnieg** (m)	[ɕnek]
está nevando	**pada śnieg**	['pada ɕnek]

86. Los eventos climáticos severos. Los desastres naturales

tormenta (f)	**burza** (ż)	['buʒa]
relámpago (m)	**błyskawica** (ż)	[bwɨska'vitsa]
relampaguear (vi)	**błyskać**	['bwɨskatʃ]
trueno (m)	**grzmot** (m)	[gʒmɔt]
tronar (vi)	**grzmieć**	[gʒmetʃ]
está tronando	**grzmi**	[gʒmi]
granizo (m)	**grad** (m)	[grat]
está granizando	**pada grad**	['pada grat]
inundar (vt)	**zatopić**	[za'tɔpitʃ]
inundación (f)	**powódź** (ż)	['pɔvutʃ]
terremoto (m)	**trzęsienie** (n) **ziemi**	[tʃɛ̃'ɕene 'ʒemi]
sacudida (f)	**wstrząs** (m)	[fstʃɔ̃s]
epicentro (m)	**epicentrum** (n)	[ɛpi'tsɛntrum]
erupción (f)	**wybuch** (m)	['vɨbuh]
lava (f)	**lawa** (ż)	['ʎava]
torbellino (m)	**trąba** (ż) **powietrzna**	['trɔ̃ba pɔ'vetʃna]
tornado (m)	**tornado** (n)	[tɔr'nadɔ]
tifón (m)	**tajfun** (m)	['tajfun]
huracán (m)	**huragan** (m)	[hu'ragan]
tempestad (f)	**burza** (ż)	['buʒa]
tsunami (m)	**tsunami** (n)	[tsu'nami]
ciclón (m)	**cyklon** (m)	['tsɨklɜn]
mal tiempo (m)	**niepogoda** (ż)	[nepɔ'gɔda]
incendio (m)	**pożar** (m)	['pɔʒar]
catástrofe (f)	**katastrofa** (ż)	[katast'rɔfa]
meteorito (m)	**meteoryt** (m)	[mɛtɛ'ɔrɨt]
avalancha (f)	**lawina** (ż)	[ʎa'vina]
alud (m) de nieve	**lawina** (ż)	[ʎa'vina]
ventisca (f)	**zamieć** (ż)	['zametʃ]
nevasca (f)	**śnieżyca** (ż)	[ɕne'ʒɨtsa]

LA FAUNA

87. Los mamíferos. Los predadores
88. Los animales salvajes
89. Los animales domésticos
90. Los pájaros
91. Los peces. Los animales marinos
92. Los anfibios. Los reptiles
93. Los insectos

T&P Books Publishing

87. Los mamíferos. Los predadores

carnívoro (m) **drapieżnik** (m) [dra'peʒnik]
tigre (m) **tygrys** (m) ['tɨgrɨs]
león (m) **lew** (m) [lef]
lobo (m) **wilk** (m) [viʎk]
zorro (m) **lis** (m) [lis]

jaguar (m) **jaguar** (m) [ja'guar]
leopardo (m) **lampart** (m) ['ʎampart]
guepardo (m) **gepard** (m) ['gɛpart]

pantera (f) **pantera** (ż) [pan'tɛra]
puma (f) **puma** (ż) ['puma]
leopardo (m) de las nieves **irbis** (m) ['irbis]
lince (m) **ryś** (m) [rɨɕ]

coyote (m) **kojot** (m) ['kɔʒt]
chacal (m) **szakal** (m) ['ʃakaʎ]
hiena (f) **hiena** (ż) ['h^{h}ena]

88. Los animales salvajes

animal (m) **zwierzę** (n) ['zveʒɛ̃]
bestia (f) **dzikie zwierzę** (n) ['dʒike 'zveʒɛ̃]

ardilla (f) **wiewiórka** (ż) [ve'vyrka]
erizo (m) **jeż** (m) [eʃ]
liebre (f) **zając** (m) ['zaɔ̃ts]
conejo (m) **królik** (m) ['krulik]

tejón (m) **borsuk** (m) ['bɔrsuk]
mapache (m) **szop** (m) [ʃɔp]
hámster (m) **chomik** (m) ['hɔmik]
marmota (f) **świstak** (m) ['ɕfistak]

topo (m) **kret** (m) [krɛt]
ratón (m) **mysz** (ż) [mɨʃ]
rata (f) **szczur** (m) [ʃtʃur]
murciélago (m) **nietoperz** (m) [ne'tɔpɛʃ]

armiño (m) **gronostaj** (m) [grɔ'nɔstaj]
cebellina (f) **soból** (m) ['sɔbuʎ]
marta (f) **kuna** (ż) ['kuna]

comadreja (f)	**łasica** (ż)	[wa'çitsa]
visón (m)	**norka** (ż)	['nɔrka]
castor (m)	**bóbr** (m)	[bubr]
nutria (f)	**wydra** (ż)	['vɨdra]
caballo (m)	**koń** (m)	[kɔɲ]
alce (m)	**łoś** (m)	[wɔç]
ciervo (m)	**jeleń** (m)	['eleɲ]
camello (m)	**wielbłąd** (m)	['veʎbwɔ̃t]
bisonte (m)	**bizon** (m)	['bizɔn]
uro (m)	**żubr** (m)	[ʒubr]
búfalo (m)	**bawół** (m)	['bavuw]
cebra (f)	**zebra** (ż)	['zɛbra]
antílope (m)	**antylopa** (ż)	[antɨ'lɜpa]
corzo (m)	**sarna** (ż)	['sarna]
gamo (m)	**łania** (ż)	['waɲa]
gamuza (f)	**kozica** (ż)	[kɔ'ʒitsa]
jabalí (m)	**dzik** (m)	[dʒik]
ballena (f)	**wieloryb** (m)	[ve'lɜrɨp]
foca (f)	**foka** (ż)	['fɔka]
morsa (f)	**mors** (m)	[mɔrs]
oso (m) marino	**kot** (m) **morski**	[kɔt 'mɔrski]
delfín (m)	**delfin** (m)	['dɛʎfin]
oso (m)	**niedźwiedź** (m)	['nedʒʲvetʃ]
oso (m) blanco	**niedźwiedź** (m) **polarny**	['nedʒʲvetʃ pɔ'ʎarnɨ]
panda (f)	**panda** (ż)	['panda]
mono (m)	**małpa** (ż)	['mawpa]
chimpancé (m)	**szympans** (m)	['ʃimpans]
orangután (m)	**orangutan** (m)	[ɔra'ŋutan]
gorila (m)	**goryl** (m)	['gɔrɨʎ]
macaco (m)	**makak** (m)	['makak]
gibón (m)	**gibon** (m)	['gibɔn]
elefante (m)	**słoń** (m)	['swɔɲ]
rinoceronte (m)	**nosorożec** (m)	[nɔsɔ'rɔʒɛts]
jirafa (f)	**żyrafa** (ż)	[ʒɨ'rafa]
hipopótamo (m)	**hipopotam** (m)	[hipɔ'pɔtam]
canguro (m)	**kangur** (m)	['kaŋur]
koala (f)	**koala** (ż)	[kɔ'aʎa]
mangosta (f)	**mangusta** (ż)	[ma'ŋusta]
chinchilla (f)	**szynszyla** (ż)	[ʃɨn'ʃɨʎa]
mofeta (f)	**skunks** (m)	[skuŋks]
espín (m)	**jeżozwierz** (m)	[e'ʒɔzveʃ]

89. Los animales domésticos

gata (f)	**kotka** (ż)	['kɔtka]
gato (m)	**kot** (m)	[kɔt]
perro (m)	**pies** (m)	[pes]
caballo (m)	**koń** (m)	[kɔɲ]
garañón (m)	**źrebak** (m), **ogier** (m)	['ʑʲrɛbak], ['ɔgjer]
yegua (f)	**klacz** (ż)	[kʎatʃ]
vaca (f)	**krowa** (ż)	['krɔva]
toro (m)	**byk** (m)	[bɨk]
buey (m)	**wół** (m)	[vuw]
oveja (f)	**owca** (ż)	['ɔftsa]
carnero (m)	**baran** (m)	['baran]
cabra (f)	**koza** (ż)	['kɔza]
cabrón (m)	**kozioł** (m)	['kɔʒɜw]
asno (m)	**osioł** (m)	['ɔɕɜw]
mulo (m)	**muł** (m)	[muw]
cerdo (m)	**świnia** (ż)	['ɕfiɲa]
cerdito (m)	**prosiak** (m)	['prɔɕak]
conejo (m)	**królik** (m)	['krulik]
gallina (f)	**kura** (ż)	['kura]
gallo (m)	**kogut** (m)	['kɔgut]
pato (m)	**kaczka** (ż)	['katʃka]
ánade (m)	**kaczor** (m)	['katʃɔr]
ganso (m)	**gęś** (ż)	[gɛ̃ɕ]
pavo (m)	**indyk** (m)	['indɨk]
pava (f)	**indyczka** (ż)	[in'dɨtʃka]
animales (m pl) domésticos	**zwierzęta** (l.mn.) **domowe**	[zve'ʒɛnta dɔ'mɔvɛ]
domesticado (adj)	**oswojony**	[ɔsfɔʒnɨ]
domesticar (vt)	**oswajać**	[ɔs'fajatʃ]
criar (vt)	**hodować**	[hɔ'dɔvatʃ]
granja (f)	**ferma** (ż)	['fɛrma]
aves (f pl) de corral	**drób** (m)	[drup]
ganado (m)	**bydło** (n)	['bɨdwɔ]
rebaño (m)	**stado** (n)	['stadɔ]
caballeriza (f)	**stajnia** (ż)	['stajɲa]
porqueriza (f)	**chlew** (m)	[hlef]
vaquería (f)	**obora** (ż)	[ɔ'bɔra]
conejal (m)	**klatka** (ż) **dla królików**	['klatka dʎa krɔ'likɔf]
gallinero (m)	**kurnik** (m)	['kurnik]

90. Los pájaros

pájaro (m)	**ptak** (m)	[ptak]
paloma (f)	**gołąb** (m)	['gɔwɔ̃p]
gorrión (m)	**wróbel** (m)	['vrubɛʎ]
carbonero (m)	**sikorka** (ż)	[ɕi'kɔrka]
urraca (f)	**sroka** (ż)	['srɔka]
cuervo (m)	**kruk** (m)	[kruk]
corneja (f)	**wrona** (ż)	['vrɔna]
chova (f)	**kawka** (ż)	['kafka]
grajo (m)	**gawron** (m)	['gavrɔn]
pato (m)	**kaczka** (ż)	['katʃka]
ganso (m)	**gęś** (ż)	[gɛ̃ɕ]
faisán (m)	**bażant** (m)	['baʒant]
águila (f)	**orzeł** (m)	['ɔʒɛw]
azor (m)	**jastrząb** (m)	['jastʃɔ̃p]
halcón (m)	**sokół** (m)	['sɔkuw]
buitre (m)	**sęp** (m)	[sɛ̃p]
cóndor (m)	**kondor** (m)	['kɔndɔr]
cisne (m)	**łabędź** (m)	['wabɛ̃tʃ]
grulla (f)	**żuraw** (m)	['ʒuraf]
cigüeña (f)	**bocian** (m)	['bɔtʃʲan]
loro (m), papagayo (m)	**papuga** (ż)	[pa'puga]
colibrí (m)	**koliber** (m)	[kɔ'libɛr]
pavo (m) real	**paw** (m)	[paf]
avestruz (m)	**struś** (m)	[struɕ]
garza (f)	**czapla** (ż)	['tʃapʎa]
flamenco (m)	**flaming** (m)	['fʎamiŋ]
pelícano (m)	**pelikan** (m)	[pɛ'likan]
ruiseñor (m)	**słowik** (m)	['swɔvik]
golondrina (f)	**jaskółka** (ż)	[jas'kuwka]
tordo (m)	**drozd** (m)	[drɔst]
zorzal (m)	**drozd śpiewak** (m)	[drɔst 'ɕpevak]
mirlo (m)	**kos** (m)	[kɔs]
vencejo (m)	**jerzyk** (m)	['eʒɨk]
alondra (f)	**skowronek** (m)	[skɔv'rɔnɛk]
codorniz (f)	**przepiórka** (ż)	[pʃɛ'pyrka]
pájaro carpintero (m)	**dzięcioł** (m)	['dʒɛ̃tʃɔw]
cuco (m)	**kukułka** (ż)	[ku'kuwka]
lechuza (f)	**sowa** (ż)	['sɔva]
búho (m)	**puchacz** (m)	['puhatʃ]

urogallo (m)	**głuszec** (m)	['gwuʃɛʦ]
gallo lira (m)	**cietrzew** (m)	['ʧeʧɛf]
perdiz (f)	**kuropatwa** (ż)	[kurɔ'patfa]
estornino (m)	**szpak** (m)	[ʃpak]
canario (m)	**kanarek** (m)	[ka'narɛk]
ortega (f)	**jarząbek** (m)	[ja'ʒɔ̃bɛk]
pinzón (m)	**zięba** (ż)	['ʒɛ̃ba]
camachuelo (m)	**gil** (m)	[giʎ]
gaviota (f)	**mewa** (ż)	['mɛva]
albatros (m)	**albatros** (m)	[aʎ'batrɔs]
pingüino (m)	**pingwin** (m)	['piŋvin]

91. Los peces. Los animales marinos

brema (f)	**leszcz** (m)	[leʃʧ]
carpa (f)	**karp** (m)	[karp]
perca (f)	**okoń** (m)	['ɔkɔɲ]
siluro (m)	**sum** (m)	[sum]
lucio (m)	**szczupak** (m)	['ʃʧupak]
salmón (m)	**łosoś** (m)	['wɔsɔɕ]
esturión (m)	**jesiotr** (m)	['eɕɜtr]
arenque (m)	**śledź** (m)	[ɕleʧ]
salmón (m) del Atlántico	**łosoś** (m)	['wɔsɔɕ]
caballa (f)	**makrela** (ż)	[mak'rɛla]
lenguado (m)	**flądra** (ż)	[flɔ̃dra]
lucioperca (f)	**sandacz** (m)	['sandaʧ]
bacalao (m)	**dorsz** (m)	[dɔrʃ]
atún (m)	**tuńczyk** (m)	['tuɲʧɨk]
trucha (f)	**pstrąg** (m)	[pstrɔ̃k]
anguila (f)	**węgorz** (m)	['vɛŋɔʃ]
raya (f) eléctrica	**drętwa** (ż)	['drɛntfa]
morena (f)	**murena** (ż)	[mu'rɛna]
piraña (f)	**pirania** (ż)	[pi'raɲja]
tiburón (m)	**rekin** (m)	['rɛkin]
delfín (m)	**delfin** (m)	['dɛʎfin]
ballena (f)	**wieloryb** (m)	[ve'lɜrɨp]
centolla (f)	**krab** (m)	[krap]
medusa (f)	**meduza** (ż)	[mɛ'duza]
pulpo (m)	**ośmiornica** (ż)	[ɔɕmɜr'niʦa]
estrella (f) de mar	**rozgwiazda** (ż)	[rɔzg'vʲazda]
erizo (m) de mar	**jeżowiec** (m)	[e'ʒɔveʦ]

caballito (m) de mar	**konik** (m) **morski**	['kɔnik 'mɔrski]
ostra (f)	**ostryga** (ż)	[ɔst'rɨga]
camarón (m)	**krewetka** (ż)	[krɛ'vɛtka]
bogavante (m)	**homar** (m)	['hɔmar]
langosta (f)	**langusta** (ż)	[ʎa'ŋusta]

92. Los anfibios. Los reptiles

serpiente (f)	**wąż** (m)	[võʃ]
venenoso (adj)	**jadowity**	[jadɔ'vitɨ]
víbora (f)	**żmija** (ż)	['ʒmija]
cobra (f)	**kobra** (ż)	['kɔbra]
pitón (m)	**pyton** (m)	['pɨtɔn]
boa (f)	**wąż dusiciel** (m)	[võʒ du'ɕitʃeʎ]
culebra (f)	**zaskroniec** (m)	[zask'rɔnets]
serpiente (m) de cascabel	**grzechotnik** (m)	[gʒɛ'hɔtnik]
anaconda (f)	**anakonda** (ż)	[ana'kɔnda]
lagarto (m)	**jaszczurka** (ż)	[jaʃt'ʃurka]
iguana (f)	**legwan** (m)	['legvan]
varano (m)	**waran** (m)	['varan]
salamandra (f)	**salamandra** (ż)	[saʎa'mandra]
camaleón (m)	**kameleon** (m)	[kamɛ'leɔn]
escorpión (m)	**skorpion** (m)	['skɔrpʰɜn]
tortuga (f)	**żółw** (m)	[ʒuwf]
rana (f)	**żaba** (ż)	['ʒaba]
sapo (m)	**ropucha** (ż)	[rɔ'puha]
cocodrilo (m)	**krokodyl** (m)	[krɔ'kɔdɨʎ]

93. Los insectos

insecto (m)	**owad** (m)	['ɔvat]
mariposa (f)	**motyl** (m)	['mɔtɨʎ]
hormiga (f)	**mrówka** (ż)	['mrufka]
mosca (f)	**mucha** (ż)	['muha]
mosquito (m) (picadura de ~)	**komar** (m)	['kɔmar]
escarabajo (m)	**żuk** (m), **chrząszcz** (m)	[ʒuk], [hʃɔ̃ʃtʃ]
avispa (f)	**osa** (ż)	['ɔsa]
abeja (f)	**pszczoła** (ż)	['pʃtʃɔwa]
abejorro (m)	**trzmiel** (m)	[tʃmeʎ]
moscardón (m)	**giez** (m)	[ges]
araña (f)	**pająk** (m)	['paɔ̃k]
telaraña (f)	**pajęczyna** (ż)	[paɛ̃t'ʃɨna]

libélula (f)	**ważka** (ż)	['vaʃka]
saltamontes (m)	**konik** (m) **polny**	['kɔnik 'pɔʎnɨ]
mariposa (f) nocturna	**omacnica** (ż)	[ɔmaʦ'niʦa]
cucaracha (f)	**karaluch** (m)	[ka'ralyh]
garrapata (f)	**kleszcz** (m)	[kleʃʧ]
pulga (f)	**pchła** (ż)	[phwa]
mosca (f) negra	**meszka** (ż)	['mɛʃka]
langosta (f)	**szarańcza** (ż)	[ʃa'raɲʧa]
caracol (m)	**ślimak** (m)	['ɕlimak]
grillo (m)	**świerszcz** (m)	[ɕferʃʧ]
luciérnaga (f)	**robaczek** (m) **świętojański**	[rɔ'baʧɛk ɕfɛ̃tɔ'jaɲski]
mariquita (f)	**biedronka** (ż)	[bed'rɔŋka]
sanjuanero (m)	**chrabąszcz** (m) **majowy**	['hrabɔ̃ʃʧ maʒvɨ]
sanguijuela (f)	**pijawka** (ż)	[pi'jafka]
oruga (f)	**gąsienica** (ż)	[gɔ̃ɕe'niʦa]
lombriz (m) de tierra	**robak** (m)	['rɔbak]
larva (f)	**poczwarka** (ż)	[pɔʧ'farka]

LA FLORA

94. Los árboles
95. Los arbustos
96. Las frutas. Las bayas
97. Las flores. Las plantas
98. Los cereales, los granos

T&P Books Publishing

94. Los árboles

árbol (m)	**drzewo** (n)	['dʒɛvɔ]
foliáceo (adj)	**liściaste**	[liɕ'tʃastɛ]
conífero (adj)	**iglaste**	[ig'ʎastɛ]
de hoja perenne	**wiecznie zielony**	[vetʃnɛʒe'lɜnɨ]
manzano (m)	**jabłoń** (ż)	['jabwɔɲ]
peral (m)	**grusza** (ż)	['gruʃa]
cerezo (m)	**czereśnia** (ż)	[tʃɛ'rɛɕɲa]
guindo (m)	**wiśnia** (ż)	['viɕɲa]
ciruelo (m)	**śliwa** (ż)	['ɕliva]
abedul (m)	**brzoza** (ż)	['bʒɔza]
roble (m)	**dąb** (m)	[dɔ̃p]
tilo (m)	**lipa** (ż)	['lipa]
pobo (m)	**osika** (ż)	[ɔ'ɕika]
arce (m)	**klon** (m)	['klɜn]
pícea (f)	**świerk** (m)	['ɕferk]
pino (m)	**sosna** (ż)	['sɔsna]
alerce (m)	**modrzew** (m)	['mɔdʒɛf]
abeto (m)	**jodła** (ż)	[ɜdwa]
cedro (m)	**cedr** (m)	[tsɛdr]
álamo (m)	**topola** (ż)	[tɔ'pɔʎa]
serbal (m)	**jarzębina** (ż)	[jaʒɛ̃'bina]
sauce (m)	**wierzba iwa** (ż)	['veʒba 'iva]
aliso (m)	**olcha** (ż)	['ɔʎha]
haya (f)	**buk** (m)	[buk]
olmo (m)	**wiąz** (m)	[vɔ̃z]
fresno (m)	**jesion** (m)	['eɕɜn]
castaño (m)	**kasztan** (m)	['kaʃtan]
magnolia (f)	**magnolia** (ż)	[mag'nɔʎja]
palmera (f)	**palma** (ż)	['paʎma]
ciprés (m)	**cyprys** (m)	['tsɨpris]
mangle (m)	**drzewo** (n) **mangrowe**	['dʒɛvɔ maŋ'rɔvɛ]
baobab (m)	**baobab** (m)	[ba'ɔbap]
eucalipto (m)	**eukaliptus** (m)	[ɛuka'liptus]
secoya (f)	**sekwoja** (ż)	[sɛk'fɔja]

95. Los arbustos

mata (f)	**krzew** (m)	[kʃɛf]
arbusto (m)	**krzaki** (l.mn.)	['kʃaki]
vid (f)	**winorośl** (ż)	[vi'nɔrɔɕʎ]
viñedo (m)	**winnica** (ż)	[vi'ɲiʦa]
frambueso (m)	**malina** (ż)	[ma'lina]
grosellero (m) rojo	**porzeczka** (ż) **czerwona**	[pɔ'ʒɛʧka ʧɛr'vɔna]
grosellero (m) espinoso	**agrest** (m)	['agrɛst]
acacia (f)	**akacja** (ż)	[a'kaʦʰja]
berberís (m)	**berberys** (m)	[bɛr'bɛrɨs]
jazmín (m)	**jaśmin** (m)	['jaɕmin]
enebro (m)	**jałowiec** (m)	[ja'wɔveʦ]
rosal (m)	**róża** (ż)	['ruʒa]
escaramujo (m)	**dzika róża** (ż)	['ʤika 'ruʒa]

96. Las frutas. Las bayas

fruto (m)	**owoc** (m)	['ɔvɔʦ]
frutos (m pl)	**owoce** (l.mn.)	[ɔ'vɔʦɛ]
manzana (f)	**jabłko** (n)	['jabkɔ]
pera (f)	**gruszka** (ż)	['gruʃka]
ciruela (f)	**śliwka** (ż)	['ɕlifka]
fresa (f)	**truskawka** (ż)	[trus'kafka]
guinda (f)	**wiśnia** (ż)	['viɕɲa]
cereza (f)	**czereśnia** (ż)	[ʧɛ'rɛɕɲa]
uva (f)	**winogrona** (l.mn.)	[vinɔg'rɔna]
frambuesa (f)	**malina** (ż)	[ma'lina]
grosella (f) negra	**czarna porzeczka** (ż)	['ʧarna pɔ'ʒɛʧka]
grosella (f) roja	**czerwona porzeczka** (ż)	[ʧɛr'vɔna pɔ'ʒɛʧka]
grosella (f) espinosa	**agrest** (m)	['agrɛst]
arándano (m) agrio	**żurawina** (ż)	[ʒura'vina]
naranja (f)	**pomarańcza** (ż)	[pɔma'raɲʧa]
mandarina (f)	**mandarynka** (ż)	[manda'rɨŋka]
piña (f)	**ananas** (ż)	[a'nanas]
banana (f)	**banan** (m)	['banan]
dátil (m)	**daktyl** (m)	['daktɨl]
limón (m)	**cytryna** (ż)	[ʦɨt'rɨna]
albaricoque (m)	**morela** (ż)	[mɔ'rɛʎa]
melocotón (m)	**brzoskwinia** (ż)	[bʒɔsk'fiɲa]
kiwi (m)	**kiwi** (n)	['kivi]

toronja (f)	**grejpfrut** (m)	['grɛjpfrut]
baya (f)	**jagoda** (ż)	[ja'gɔda]
bayas (f pl)	**jagody** (l.mn.)	[ja'gɔdɨ]
arándano (m) rojo	**borówka** (ż)	[bɔ'rufka]
fresa (f) silvestre	**poziomka** (ż)	[pɔ'ʒɜmka]
arándano (m)	**borówka** (ż) **czarna**	[bɔ'rɔfka 'ʧarna]

97. Las flores. Las plantas

flor (f)	**kwiat** (m)	[kfʲat]
ramo (m) de flores	**bukiet** (m)	['buket]
rosa (f)	**róża** (ż)	['ruʒa]
tulipán (m)	**tulipan** (m)	[tu'lipan]
clavel (m)	**goździk** (m)	['gɔʑʲʥik]
gladiolo (m)	**mieczyk** (m)	['meʧɨk]
aciano (m)	**bławatek** (m)	[bwa'vatɛk]
campanilla (f)	**dzwonek** (m)	['ʣvɔnɛk]
diente (m) de león	**dmuchawiec** (m)	[dmu'havets]
manzanilla (f)	**rumianek** (m)	[ru'mʲanɛk]
áloe (m)	**aloes** (m)	[a'lɜɛs]
cacto (m)	**kaktus** (m)	['kaktus]
ficus (m)	**fikus** (m)	['fikus]
azucena (f)	**lilia** (ż)	['liʎja]
geranio (m)	**pelargonia** (ż)	[pɛʎar'gɔɲja]
jacinto (m)	**hiacynt** (m)	['hʰjatsɨnt]
mimosa (f)	**mimoza** (ż)	[mi'mɔza]
narciso (m)	**narcyz** (m)	['nartsɨs]
capuchina (f)	**nasturcja** (ż)	[nas'turtsʰja]
orquídea (f)	**orchidea** (ż)	[ɔrhi'dɛa]
peonía (f)	**piwonia** (ż)	[pi'vɔɲja]
violeta (f)	**fiołek** (m)	[fʰɜwɛk]
trinitaria (f)	**bratek** (m)	['bratɛk]
nomeolvides (f)	**niezapominajka** (ż)	[nezapɔmi'najka]
margarita (f)	**stokrotka** (ż)	[stɔk'rɔtka]
amapola (f)	**mak** (m)	[mak]
cáñamo (m)	**konopie** (l.mn.)	[kɔ'nɔpje]
menta (f)	**mięta** (ż)	['menta]
muguete (m)	**konwalia** (ż)	[kɔn'vaʎja]
campanilla (f) de las nieves	**przebiśnieg** (m)	[pʃɛ'biɕnek]
ortiga (f)	**pokrzywa** (ż)	[pɔk'ʃɨva]
acedera (f)	**szczaw** (m)	[ʃʧaf]

nenúfar (m)	**lilia wodna** (ż)	['liʎja 'vɔdna]
helecho (m)	**paproć** (ż)	['paprɔʧ]
liquen (m)	**porost** (m)	['pɔrɔst]
invernadero (m) tropical	**szklarnia** (ż)	['ʃkʎarɲa]
césped (m)	**trawnik** (m)	['travnik]
macizo (m) de flores	**klomb** (m)	['klɜmp]
planta (f)	**roślina** (ż)	[rɔɕ'lina]
hierba (f)	**trawa** (ż)	['trava]
hoja (f) de hierba	**źdźbło** (n)	[ʑʲʥʲbwɔ]
hoja (f)	**liść** (m)	[liɕʧ]
pétalo (m)	**płatek** (m)	['pwatɛk]
tallo (m)	**łodyga** (ż)	[wɔ'diga]
tubérculo (m)	**bulwa** (ż)	['buʎva]
retoño (m)	**kiełek** (m)	['kewɛk]
espina (f)	**kolec** (m)	['kɔlets]
florecer (vi)	**kwitnąć**	['kfitnɔ̃ʧ]
marchitarse (vr)	**więdnąć**	['vendnɔ̃ʧ]
olor (m)	**zapach** (m)	['zapah]
cortar (vt)	**ściąć**	[ɕʧɔ̃ʲʧ]
coger (una flor)	**zerwać**	['zɛrvaʧ]

98. Los cereales, los granos

grano (m)	**zboże** (n)	['zbɔʒɛ]
cereales (m pl) (plantas)	**zboża** (l.mn.)	['zbɔʒa]
espiga (f)	**kłos** (m)	[kwɔs]
trigo (m)	**pszenica** (ż)	[pʃɛ'nitsa]
centeno (m)	**żyto** (n)	['ʒitɔ]
avena (f)	**owies** (m)	['ɔves]
mijo (m)	**proso** (n)	['prɔsɔ]
cebada (f)	**jęczmień** (m)	['enʧmɛ̃]
maíz (m)	**kukurydza** (ż)	[kuku'ridza]
arroz (m)	**ryż** (m)	[riʃ]
alforfón (m)	**gryka** (ż)	['grika]
guisante (m)	**groch** (m)	[grɔh]
fréjol (m)	**fasola** (ż)	[fa'sɔʎa]
soya (f)	**soja** (ż)	['sɔja]
lenteja (f)	**soczewica** (ż)	[sɔʧɛ'vitsa]
habas (f pl)	**bób** (m)	[bup]

LOS PAÍSES

99. Los países. Unidad 1
100. Los países. Unidad 2
101. Los países. Unidad 3

T&P Books Publishing

99. Los países. Unidad 1

Afganistán (m)	**Afganistan** (n)	[avga'nistan]
Albania (f)	**Albania** (ż)	[aʎ'baɲja]
Alemania (f)	**Niemcy** (l.mn.)	['nemʦɨ]
Arabia (f) Saudita	**Arabia** (ż) **Saudyjska**	[a'rabʰja sau'dɨjska]
Argentina (f)	**Argentyna** (ż)	[argɛn'tɨna]
Armenia (f)	**Armenia** (ż)	[ar'mɛɲja]
Australia (f)	**Australia** (ż)	[aust'raʎja]
Austria (f)	**Austria** (ż)	['austrʰja]
Azerbaiyán (m)	**Azerbejdżan** (m)	[azɛr'bɛjʤan]
Bangladesh (m)	**Bangladesz** (m)	[baŋʎa'dɛʃ]
Bélgica (f)	**Belgia** (ż)	['bɛʎgʰja]
Bielorrusia (f)	**Białoruś** (ż)	[bʲa'wɔruɕ]
Bolivia (f)	**Boliwia** (ż)	[bɔ'livʰja]
Bosnia y Herzegovina	**Bośnia i Hercegowina** (ż)	['bɔɕɲa i hɛrʦɛgɔ'vina]
Brasil (m)	**Brazylia** (ż)	[bra'zɨʎja]
Bulgaria (f)	**Bułgaria** (ż)	[buw'garʰja]
Camboya (f)	**Kambodża** (ż)	[kam'bɔʤa]
Canadá (f)	**Kanada** (ż)	[ka'nada]
Chequia (f)	**Czechy** (l.mn.)	['ʧɛhɨ]
Chile (m)	**Chile** (n)	['ʧile]
China (f)	**Chiny** (l.mn.)	['hinɨ]
Chipre (m)	**Cypr** (m)	[ʦɨpr]
Colombia (f)	**Kolumbia** (ż)	[kɔ'lymbʰja]
Corea (f) del Norte	**Korea** (ż) **Północna**	[kɔ'rɛa puw'nɔʦna]
Corea (f) del Sur	**Korea** (ż) **Południowa**	[kɔ'rɛa pɔwud'nɜva]
Croacia (f)	**Chorwacja** (ż)	[hɔr'vaʦʰja]
Cuba (f)	**Kuba** (ż)	['kuba]
Dinamarca (f)	**Dania** (ż)	['daɲja]
Ecuador (m)	**Ekwador** (m)	[ɛk'fadɔr]
Egipto (m)	**Egipt** (m)	['ɛgipt]
Emiratos (m pl) Árabes Unidos	**Zjednoczone Emiraty Arabskie**	[zʰednɔt'ʃɔnɛ ɛmi'ratɨ a'rapske]
Escocia (f)	**Szkocja** (ż)	['ʃkɔʦʰja]
Eslovaquia (f)	**Słowacja** (ż)	[swɔ'vaʦʰja]
Eslovenia	**Słowenia** (ż)	[swɔ'vɛɲja]
España (f)	**Hiszpania** (ż)	[hiʃ'paɲja]
Estados Unidos de América	**Stany** (l.mn.) **Zjednoczone Ameryki**	['stanɨ zʰednɔt'ʃɔnɛ a'mɛrɨki]
Estonia (f)	**Estonia** (ż)	[ɛs'tɔɲja]
Finlandia (f)	**Finlandia** (ż)	[fin'ʎandʰja]
Francia (f)	**Francja** (ż)	['franʦʰja]

100. Los países. Unidad 2

Georgia (f)	**Gruzja** (ż)	['gruzʰja]
Ghana (f)	**Ghana** (ż)	['gana]
Gran Bretaña (f)	**Wielka Brytania** (ż)	['veʎka brɨ'taɲja]
Grecia (f)	**Grecja** (ż)	['grɛʦʰja]
Haití (m)	**Haiti** (n)	[ha'iti]
Hungría (f)	**Węgry** (l.mn.)	['vɛŋrɨ]
India (f)	**Indie** (l.mn.)	['indʰe]
Indonesia (f)	**Indonezja** (ż)	[indɔ'nɛzʰja]
Inglaterra (f)	**Anglia** (ż)	['aŋʎja]
Irak (m)	**Irak** (m)	['irak]
Irán (m)	**Iran** (m)	['iran]
Irlanda (f)	**Irlandia** (ż)	[ir'ʎandʰja]
Islandia (f)	**Islandia** (ż)	[is'ʎandʰja]
Islas (f pl) Bahamas	**Wyspy** (l.mn.) **Bahama**	['vɨspɨ ba'hama]
Israel (m)	**Izrael** (m)	[iz'raɛʎ]
Italia (f)	**Włochy** (l.mn.)	['vwɔhɨ]
Jamaica (f)	**Jamajka** (ż)	[ja'majka]
Japón (m)	**Japonia** (ż)	[ja'pɔɲja]
Jordania (f)	**Jordania** (ż)	[ʒr'daɲja]
Kazajstán (m)	**Kazachstan** (m)	[ka'zahstan]
Kenia (f)	**Kenia** (ż)	['kɛɲja]
Kirguizistán (m)	**Kirgizja** (ż), **Kirgistan** (m)	[kir'gizʰja], [kir'gistan]
Kuwait (m)	**Kuwejt** (m)	['kuvɛjt]
Laos (m)	**Laos** (m)	['ʎaɔs]
Letonia (f)	**Łotwa** (ż)	['wɔtfa]
Líbano (m)	**Liban** (m)	['liban]
Libia (f)	**Libia** (ż)	['libʰja]
Liechtenstein (m)	**Liechtenstein** (m)	['lihtɛnʃtajn]
Lituania (f)	**Litwa** (ż)	['litfa]
Luxemburgo (m)	**Luksemburg** (m)	['lyksɛmburk]
Macedonia	**Macedonia** (ż)	[maʦɛ'dɔɲja]
Madagascar (m)	**Madagaskar** (m)	[mada'gaskar]
Malasia (f)	**Malezja** (ż)	[ma'lezʰja]
Malta (f)	**Malta** (ż)	['maʎta]
Marruecos (m)	**Maroko** (n)	[ma'rɔkɔ]
Méjico (m)	**Meksyk** (m)	['mɛksɨk]
Moldavia (f)	**Mołdawia** (ż)	[mɔw'davʰja]
Mónaco (m)	**Monako** (n)	[mɔ'nakɔ]
Mongolia (f)	**Mongolia** (ż)	[mɔ'ŋɔʎja]
Montenegro (m)	**Czarnogóra** (ż)	[ʧarnɔ'gura]
Myanmar (m)	**Mjanma** (ż)	['mjanma]

101. Los países. Unidad 3

Namibia (f)	**Namibia** (ż)	[na'mib^{h}ja]
Nepal (m)	**Nepal** (m)	['nɛpaʎ]
Noruega (f)	**Norwegia** (ż)	[nɔr'vɛg^{h}ja]
Nueva Zelanda (f)	**Nowa Zelandia** (ż)	['nɔva zɛ'ʎand^{h}ja]
Países Bajos (m pl)	**Niderlandy** (l.mn.)	[nidɛr'ʎandɨ]
Pakistán (m)	**Pakistan** (m)	[pa'kistan]
Palestina (f)	**Autonomia** (ż) **Palestyńska**	[autɔ'nɔm^{h}ja pales'tɨɲska]
Panamá (f)	**Panama** (ż)	[pa'nama]
Paraguay (m)	**Paragwaj** (m)	[pa'ragvaj]
Perú (m)	**Peru** (n)	['pɛru]
Polinesia (f) Francesa	**Polinezja** (ż) **Francuska**	[pɔli'nɛz^{h}ja fran'ʦuska]
Polonia (f)	**Polska** (ż)	['pɔʎska]
Portugal (m)	**Portugalia** (ż)	[pɔrtu'gaʎja]
República (f) Dominicana	**Dominikana** (ż)	[dɔmini'kana]
República (f) Sudafricana	**Afryka** (ż) **Południowa**	['afrɨka pɔwud'nɜva]
Rumania (f)	**Rumunia** (ż)	[ru'muɲja]
Rusia (f)	**Rosja** (ż)	['rɔs^{h}ja]
Senegal (m)	**Senegal** (m)	[sɛ'nɛgaʎ]
Serbia (f)	**Serbia** (ż)	['sɛrb^{h}ja]
Siria (f)	**Syria** (ż)	['sɨr^{h}ja]
Suecia (f)	**Szwecja** (ż)	['ʃfɛʦ^{h}ja]
Suiza (f)	**Szwajcaria** (ż)	[ʃfaj'ʦar^{h}ja]
Surinam (m)	**Surinam** (m)	[su'rinam]
Tayikistán (m)	**Tadżykistan** (m)	[taʤɨ'kistan]
Tailandia (f)	**Tajlandia** (ż)	[taj'ʎand^{h}ja]
Taiwán (m)	**Tajwan** (m)	['tajvan]
Tanzania (f)	**Tanzania** (ż)	[tan'zaɲja]
Tasmania (f)	**Tasmania** (ż)	[tas'maɲja]
Túnez (m)	**Tunezja** (ż)	[tu'nɛz^{h}ja]
Turkmenistán (m)	**Turkmenia** (ż)	[turk'mɛɲja]
Turquía (f)	**Turcja** (ż)	['turʦ^{h}ja]
Ucrania (f)	**Ukraina** (ż)	[ukra'ina]
Uruguay (m)	**Urugwaj** (m)	[u'rugvaj]
Uzbekistán (m)	**Uzbekistan** (m)	[uzbɛ'kistan]
Vaticano (m)	**Watykan** (m)	[va'tɨkan]
Venezuela (f)	**Wenezuela** (ż)	[vɛnɛzu'ɛʎa]
Vietnam (m)	**Wietnam** (m)	['v^{h}etnam]
Zanzíbar (m)	**Zanzibar** (m)	[zan'zibar]

GLOSARIO GASTRONÓMICO

Esta sección contiene una gran cantidad de palabras y términos asociados con la comida. Este diccionario le hará más fácil la comprensión del menú de un restaurante y la elección del plato adecuado

T&P Books Publishing

Español-Polaco glosario gastronómico

¡Que aproveche!	**Smacznego!**	[smaʧ'nɛgɔ]
abrebotellas (m)	**otwieracz** (m) **do butelek**	[ɔt'feraʧ dɛ bu'tɛlek]
abrelatas (m)	**otwieracz** (m) **do puszek**	[ɔt'feraʧ dɛ 'puʃɛk]
aceite (m) de girasol	**olej** (m) **słonecznikowy**	['ɔlej swɔnɛʧnikɔvɨ]
aceite (m) de oliva	**olej** (m) **oliwkowy**	['ɔlej ɔlif'kɔvɨ]
aceite (m) vegetal	**olej** (m) **roślinny**	['ɔlej rɔɕliŋɨ]
agua (f)	**woda** (ż)	['vɔda]
agua (f) mineral	**woda** (ż) **mineralna**	['vɔda minɛ'raʎna]
agua (f) potable	**woda** (ż) **pitna**	['vɔda 'pitna]
aguacate (m)	**awokado** (n)	[avɔ'kadɔ]
ahumado (adj)	**wędzony**	[vɛ̃'ʥɔnɨ]
ajo (m)	**czosnek** (m)	['ʧɔsnɛk]
albahaca (f)	**bazylia** (ż)	[ba'zɨʎja]
albaricoque (m)	**morela** (ż)	[mɔ'rɛʎa]
alcachofa (f)	**karczoch** (m)	['karʧɔh]
alforfón (m)	**gryka** (ż)	['grɨka]
almendra (f)	**migdał** (m)	['migdaw]
almuerzo (m)	**obiad** (m)	['ɔbʲat]
amargo (adj)	**gorzki**	['gɔʃki]
anís (m)	**anyż** (m)	['anɨʃ]
anguila (f)	**węgorz** (m)	['vɛŋɔʃ]
aperitivo (m)	**aperitif** (m)	[apɛri'tif]
apetito (m)	**apetyt** (m)	[a'pɛtɨt]
apio (m)	**seler** (m)	['sɛler]
arándano (m)	**borówka** (ż) **czarna**	[bɔ'rɔfka 'ʧarna]
arándano (m) agrio	**żurawina** (ż)	[ʒura'vina]
arándano (m) rojo	**borówka** (ż)	[bɔ'rufka]
arenque (m)	**śledź** (m)	[ɕleʧ]
arroz (m)	**ryż** (m)	[rɨʃ]
atún (m)	**tuńczyk** (m)	['tuɲʧɨk]
avellana (f)	**orzech** (m) **laskowy**	['ɔʒɛh ʎas'kɔvɨ]
avena (f)	**owies** (m)	['ɔves]
azúcar (m)	**cukier** (m)	['ʦuker]
azafrán (m)	**szafran** (m)	['ʃafran]
azucarado, dulce (adj)	**słodki**	['swɔtki]
bacalao (m)	**dorsz** (m)	[dɔrʃ]
banana (f)	**banan** (m)	['banan]
bar (m)	**bar** (m)	[bar]
barman (m)	**barman** (m)	['barman]
batido (m)	**koktajl** (m) **mleczny**	['kɔktajʎ 'mleʧnɨ]
baya (f)	**jagoda** (ż)	[ja'gɔda]
bayas (f pl)	**jagody** (l.mn.)	[ja'gɔdɨ]
bebida (f) sin alcohol	**napój** (m) **bezalkoholowy**	['napuj bɛzalkɔhɔ'lɜvɨ]
bebidas (f pl) alcohólicas	**napoje** (l.mn.) **alkoholowe**	[na'pɔe aʎkɔhɔ'lɜvɛ]

beicon (m)	**boczek** (m)	['bɔʧɛk]
berenjena (f)	**bakłażan** (m)	[bak'waʒan]
bistec (m)	**befsztyk** (m)	['bɛfʃtɨk]
bocadillo (m)	**kanapka** (ż)	[ka'napka]
boleto (m) áspero	**koźlarz** (m)	['kɔʑʲʎaʃ]
boleto (m) castaño	**koźlarz** (m) **czerwony**	['kɔʑʲʎaʃ ʧɛr'vɔnɨ]
brócoli (m)	**brokuły** (l.mn.)	[brɔ'kuwɨ]
brema (f)	**leszcz** (m)	[leʃʧ]
cóctel (m)	**koktajl** (m)	['kɔktajʎ]
caballa (f)	**makrela** (ż)	[mak'rɛla]
cacahuete (m)	**orzeszek** (l.mn.) **ziemny**	[ɔ'ʒɛʃɛk 'ʒemnɛ]
café (m)	**kawa** (ż)	['kava]
café (m) con leche	**kawa** (ż) **z mlekiem**	['kava z 'mlekem]
café (m) solo	**czarna kawa** (ż)	['ʧarna 'kava]
café (m) soluble	**kawa** (ż) **rozpuszczalna**	['kava rɔspuʃʧ'ʃaʎna]
calabacín (m)	**kabaczek** (m)	[ka'baʧɛk]
calabaza (f)	**dynia** (ż)	['dɨɲa]
calamar (m)	**kałamarnica** (ż)	[kawamar'niʦa]
caldo (m)	**rosół** (m)	['rɔsuw]
caliente (adj)	**gorący**	[gɔ'rɔ̃ʦɨ]
caloría (f)	**kaloria** (ż)	[ka'lɜrja]
camarón (m)	**krewetka** (ż)	[krɛ'vɛtka]
camarera (f)	**kelnerka** (ż)	[kɛʎ'nɛrka]
camarero (m)	**kelner** (m)	['kɛʎnɛr]
canela (f)	**cynamon** (m)	[ʦɨ'namɔn]
cangrejo (m) de mar	**krab** (m)	[krap]
capuchino (m)	**cappuccino** (n)	[kapu'ʧinɔ]
caramelo (m)	**cukierek** (m)	[ʦu'kerɛk]
carbohidratos (m pl)	**węglowodany** (l.mn.)	[vɛnɛ̃ʒvɔ'danɨ]
carne (f)	**mięso** (n)	['mensɔ]
carne (f) de carnero	**baranina** (ż)	[bara'nina]
carne (f) de cerdo	**wieprzowina** (ż)	[vepʃɔ'vina]
carne (f) de ternera	**cielęcina** (ż)	[ʧelɛ̃'ʧina]
carne (f) de vaca	**wołowina** (ż)	[vɔwɔ'vina]
carne (f) picada	**farsz** (m)	[farʃ]
carpa (f)	**karp** (m)	[karp]
carta (f) de vinos	**karta** (ż) **win**	['karta vin]
carta (f), menú (m)	**menu** (n)	['menu]
caviar (m)	**kawior** (m)	['kavɜr]
caza (f) menor	**dziczyzna** (ż)	[ʤit'ʃɨzna]
cebada (f)	**jęczmień** (m)	['enʧmɛ̃]
cebolla (f)	**cebula** (ż)	[ʦɛ'buʎa]
cena (f)	**kolacja** (ż)	[kɔ'ʎaʦʰja]
centeno (m)	**żyto** (n)	['ʒɨtɔ]
cereales (m pl)	**zboża** (l.mn.)	['zbɔʒa]
cereales (m pl) integrales	**kasza** (ż)	['kaʃa]
cereza (f)	**czereśnia** (ż)	[ʧɛ'rɛɕɲa]
cerveza (f)	**piwo** (n)	['pivɔ]
cerveza (f) negra	**piwo** (n) **ciemne**	[pivɔ 'ʧemnɛ]
cerveza (f) rubia	**piwo** (n) **jasne**	[pivɔ 'jasnɛ]
champaña (f)	**szampan** (m)	['ʃampan]
chicle (m)	**guma** (ż) **do żucia**	['guma dɔ 'ʒuʧʲa]

chocolate (m)	**czekolada** (ż)	[ʧɛkɔ'ʎada]
cilantro (m)	**kolendra** (ż)	[kɔ'lendra]
ciruela (f)	**śliwka** (ż)	['ɕlifka]
clara (f)	**białko** (n)	['bʲawkɔ]
clavo (m)	**goździki** (l.mn.)	['gɔʑʲʥiki]
coñac (m)	**koniak** (m)	['kɔɲjak]
cocido en agua (adj)	**gotowany**	[gɔtɔ'vanɨ]
cocina (f)	**kuchnia** (ż)	['kuhɲa]
col (f)	**kapusta** (ż)	[ka'pusta]
col (f) de Bruselas	**brukselka** (ż)	[bruk'sɛʎka]
coliflor (f)	**kalafior** (m)	[ka'ʎafɜr]
colmenilla (f)	**smardz** (m)	[smarʦ]
comida (f)	**jedzenie** (n)	[e'ʣɛne]
comino (m)	**kminek** (m)	['kminɛk]
con gas	**gazowana**	[ga'zɔvana]
con hielo	**z lodem**	[z 'lɜdɛm]
condimento (m)	**przyprawa** (ż)	[pʃɨp'rava]
conejo (m)	**królik** (m)	['krulik]
confitura (f)	**dżem** (m)	[ʤɛm]
confitura (f)	**konfitura** (ż)	[kɔnfi'tura]
congelado (adj)	**mrożony**	[mrɔ'ʒɔnɨ]
conservas (f pl)	**konserwy** (l.mn.)	[kɔn'sɛrvɨ]
copa (f) de vino	**kielich** (m)	['kelih]
copos (m pl) de maíz	**płatki** (l.mn.) **kukurydziane**	['pwatki kukurɨ'ʤʲanɛ]
crema (f) de mantequilla	**krem** (m)	[krɛm]
cuchara (f)	**łyżka** (ż)	['wɨʃka]
cuchara (f) de sopa	**łyżka** (ż) **stołowa**	['wɨʃka stɔ'wɔva]
cucharilla (f)	**łyżeczka** (ż)	[wɨ'ʒɛʧka]
cuchillo (m)	**nóż** (m)	[nuʃ]
cuenta (f)	**rachunek** (m)	[ra'hunɛk]
dátil (m)	**daktyl** (m)	['daktɨl]
de chocolate (adj)	**czekoladowy**	[ʧɛkɔʎa'dɔvɨ]
desayuno (m)	**śniadanie** (n)	[ɕɲa'dane]
dieta (f)	**dieta** (ż)	['dʰeta]
eneldo (m)	**koperek** (m)	[kɔ'pɛrɛk]
ensalada (f)	**sałatka** (ż)	[sa'watka]
entremés (m)	**przystawka** (ż)	[pʃɨs'tafka]
espárrago (m)	**szparagi** (l.mn.)	[ʃpa'ragi]
espagueti (m)	**spaghetti** (n)	[spa'gɛtti]
especia (f)	**przyprawa** (ż)	[pʃɨp'rava]
espiga (f)	**kłos** (m)	[kwɔs]
espinaca (f)	**szpinak** (m)	['ʃpinak]
esturión (m)	**mięso** (n) **jesiotra**	['mensɔ e'ɕɜtra]
fletán (m)	**halibut** (m)	[ha'libut]
fréjol (m)	**fasola** (ż)	[fa'sɔʎa]
frío (adj)	**zimny**	['ʒimnɨ]
frambuesa (f)	**malina** (ż)	[ma'lina]
fresa (f)	**truskawka** (ż)	[trus'kafka]
fresa (f) silvestre	**poziomka** (ż)	[pɔ'ʒɜmka]
frito (adj)	**smażony**	[sma'ʒɔnɨ]
fruto (m)	**owoc** (m)	['ɔvɔʦ]
frutos (m pl)	**owoce** (l.mn.)	[ɔ'vɔʦɛ]

gachas (f pl)	**kasza** (ż)	['kaʃa]
galletas (f pl)	**herbatniki** (l.mn.)	[hɛrbat'niki]
gallina (f)	**kurczak** (m)	['kurʧak]
ganso (m)	**gęś** (ż)	[gɛ̃ɕ]
gaseoso (adj)	**gazowana**	[ga'zɔvana]
ginebra (f)	**dżin** (m), **gin** (m)	[ʤin]
gofre (m)	**wafle** (l.mn.)	['vafle]
granada (f)	**granat** (m)	['granat]
grano (m)	**zboże** (n)	['zbɔʒɛ]
grasas (f pl)	**tłuszcze** (l.mn.)	['twuʃʧɛ]
grosella (f) espinosa	**agrest** (m)	['agrɛst]
grosella (f) negra	**czarna porzeczka** (ż)	['ʧarna pɔ'ʒɛʧka]
grosella (f) roja	**czerwona porzeczka** (ż)	[ʧɛr'vɔna pɔ'ʒɛʧka]
guarnición (f)	**dodatki** (l.mn.)	[dɔ'datki]
guinda (f)	**wiśnia** (ż)	['viɕɲa]
guisante (m)	**groch** (m)	[grɔh]
hígado (m)	**wątróbka** (ż)	[vɔ̃t'rupka]
habas (f pl)	**bób** (m)	[bup]
hamburguesa (f)	**hamburger** (m)	[ham'burgɛr]
harina (f)	**mąka** (ż)	['mɔ̃ka]
helado (m)	**lody** (l.mn.)	['lɜdɨ]
hielo (m)	**lód** (m)	[lyt]
higo (m)	**figa** (ż)	['figa]
hoja (f) de laurel	**liść** (m) **laurowy**	[liɕʧ ʎau'rɔvɨ]
huevo (m)	**jajko** (n)	['jajkɔ]
huevos (m pl)	**jajka** (l.mn.)	['jajka]
huevos (m pl) fritos	**jajecznica** (ż)	[jaeʧ'nitsa]
jamón (m)	**szynka** (ż)	['ʃɨŋka]
jamón (m) fresco	**szynka** (ż)	['ʃɨŋka]
jengibre (m)	**imbir** (m)	['imbir]
jugo (m) de tomate	**sok** (m) **pomidorowy**	[sɔk pɔmidɔ'rɔvɨ]
kiwi (m)	**kiwi** (n)	['kivi]
langosta (f)	**langusta** (ż)	[ʎa'ŋusta]
leche (f)	**mleko** (n)	['mlekɔ]
leche (f) condensada	**mleko skondensowane**	['mlekɔ skɔndɛnsɔ'vanɛ]
lechuga (f)	**sałata** (ż)	[sa'wata]
legumbres (f pl)	**warzywa** (l.mn.)	[va'ʒɨva]
lengua (f)	**ozór** (m)	['ɔzur]
lenguado (m)	**flądra** (ż)	[flɔ̃dra]
lenteja (f)	**soczewica** (ż)	[sɔʧɛ'vitsa]
licor (m)	**likier** (m)	['liker]
limón (m)	**cytryna** (ż)	[tsɨt'rɨna]
limonada (f)	**lemoniada** (ż)	[lemɔ'ɲjada]
loncha (f)	**plasterek** (m)	[pʎas'tɛrɛk]
lucio (m)	**szczupak** (m)	['ʃʧupak]
lucioperca (f)	**sandacz** (m)	['sandaʧ]
maíz (m)	**kukurydza** (ż)	[kuku'rɨʣa]
maíz (m)	**kukurydza** (ż)	[kuku'rɨʣa]
macarrones (m pl)	**makaron** (m)	[ma'karɔn]
mandarina (f)	**mandarynka** (ż)	[manda'rɨŋka]
mango (m)	**mango** (n)	['maŋɔ]
mantequilla (f)	**masło** (n) **śmietankowe**	['maswɔ ɕmeta'ŋkɔvɛ]

manzana (f)	**jabłko** (n)	['jabkɔ]
margarina (f)	**margaryna** (ż)	[marga'rɨna]
marinado (adj)	**marynowany**	[marɨnɔ'vanɨ]
mariscos (m pl)	**owoce** (l.mn.) **morza**	[ɔ'vɔʦɛ 'mɔʒa]
matamoscas (m)	**muchomor** (m)	[mu'hɔmɔr]
mayonesa (f)	**majonez** (m)	[maзnɛs]
melón (m)	**melon** (m)	['mɛlзn]
melocotón (m)	**brzoskwinia** (ż)	[bʒɔsk'fiɲa]
mermelada (f)	**marmolada** (ż)	[marmɔ'ʎada]
miel (f)	**miód** (m)	[myt]
miga (f)	**okruchek** (m)	[ɔk'ruhɛk]
mijo (m)	**proso** (n)	['prɔsɔ]
mini tarta (f)	**ciastko** (n)	['ʧastkɔ]
mondadientes (m)	**wykałaczka** (ż)	[vɨka'waʧka]
mostaza (f)	**musztarda** (ż)	[muʃ'tarda]
nabo (m)	**rzepa** (ż)	['ʒɛpa]
naranja (f)	**pomarańcza** (ż)	[pɔma'raɲʧa]
nata (f) agria	**śmietana** (ż)	[ɕme'tana]
nata (f) líquida	**śmietanka** (ż)	[ɕme'taŋka]
nuez (f)	**orzech** (m) **włoski**	['ɔʒɛh 'vwɔski]
nuez (f) de coco	**orzech** (m) **kokosowy**	['ɔʒɛh kɔkɔ'sɔvɨ]
olivas, aceitunas (f pl)	**oliwki** (ż, l.mn.)	[ɔ'lifki]
oronja (f) verde	**psi grzyb** (m)	[pɕi gʒɨp]
ostra (f)	**ostryga** (ż)	[ɔst'rɨga]
pan (m)	**chleb** (m)	[hlep]
papaya (f)	**papaja** (ż)	[pa'paja]
paprika (f)	**papryka** (ż)	[pap'rɨka]
pasas (f pl)	**rodzynek** (m)	[rɔ'ʤɨnɛk]
pasteles (m pl)	**wyroby** (l.mn.) **cukiernicze**	[vɨ'rɔbɨ ʦuker'niʧɛ]
paté (m)	**pasztet** (m)	['paʃtɛt]
patata (f)	**ziemniak** (m)	[ʒem'ɲak]
pato (m)	**kaczka** (ż)	['kaʧka]
pava (f)	**indyk** (m)	['indɨk]
pedazo (m)	**kawałek** (m)	[ka'vawɛk]
pepino (m)	**ogórek** (m)	[ɔ'gurɛk]
pera (f)	**gruszka** (ż)	['gruʃka]
perca (f)	**okoń** (m)	['ɔkɔɲ]
perejil (m)	**pietruszka** (ż)	[pet'ruʃka]
pescado (m)	**ryba** (ż)	['rɨba]
piña (f)	**ananas** (m)	[a'nanas]
piel (f)	**skórka** (ż)	['skurka]
pimienta (f) negra	**pieprz** (m) **czarny**	[pepʃ 'ʧarnɨ]
pimienta (f) roja	**papryka** (ż)	[pap'rɨka]
pimiento (m) dulce	**słodka papryka** (ż)	['swɔdka pap'rɨka]
pistachos (m pl)	**fistaszki** (l.mn.)	[fis'taʃki]
pizza (f)	**pizza** (ż)	['piʦa]
platillo (m)	**spodek** (m)	['spɔdɛk]
plato (m)	**danie** (n)	['dane]
plato (m)	**talerz** (m)	['taleʃ]
pomelo (m)	**grejpfrut** (m)	['grɛjpfrut]
porción (f)	**porcja** (ż)	['pɔrʦʰja]
postre (m)	**deser** (m)	['dɛsɛr]

propina (f) **napiwek** (m) [na'pivɛk]
proteínas (f pl) **białka** (l.mn.) ['bʲawka]
queso (m) **ser** (m) [sɛr]
rábano (m) **rzodkiewka** (ż) [ʒɔt'kefka]
rábano (m) picante **chrzan** (m) [hʃan]
rúsula (f) **gołąbek** (m) [gɔ'wɔ̃bɛk]
rebozuelo (m) **kurka** (ż) ['kurka]
receta (f) **przepis** (m) ['pʃɛpis]
refresco (m) **napój** (m) **orzeźwiający** ['napuj ɔʒɛʑʲvjaɔ̃tsɨ]
regusto (m) **posmak** (m) ['pɔsmak]
relleno (m) **nadzienie** (n) [na'dʒene]
remolacha (f) **burak** (m) ['burak]
ron (m) **rum** (m) [rum]
sésamo (m) **sezam** (m) ['sɛzam]
sabor (m) **smak** (m) [smak]
sabroso (adj) **smaczny** ['smatʃnɨ]
sacacorchos (m) **korkociąg** (m) [kɔr'kɔtʃɔ̃k]
sal (f) **sól** (ż) [suʎ]
salado (adj) **słony** ['swɔnɨ]
salchichón (m) **kiełbasa** (ż) [kew'basa]
salchicha (f) **parówka** (ż) [pa'rufka]
salmón (m) **łosoś** (m) ['wɔsɔɕ]
salmón (m) del Atlántico **łosoś** (m) ['wɔsɔɕ]
salsa (f) **sos** (m) [sɔs]
sandía (f) **arbuz** (m) ['arbus]
sardina (f) **sardynka** (ż) [sar'dɨŋka]
seco (adj) **suszony** [su'ʃɔnɨ]
seta (f) **grzyb** (m) [gʒɨp]
seta (f) comestible **grzyb** (m) **jadalny** [gʒɨp ja'daʎnɨ]
seta (f) venenosa **grzyb** (m) **trujący** [gʒɨp truɔ̃tsɨ]
seta calabaza (f) **prawdziwek** (m) [prav'dʒivɛk]
siluro (m) **sum** (m) [sum]
sin alcohol **bezalkoholowy** [bɛzaʎkɔhɔ'lɜvɨ]
sin gas **niegazowana** [nega'zɔvana]
sopa (f) **zupa** (ż) ['zupa]
soya (f) **soja** (ż) ['sɔja]
té (m) **herbata** (ż) [hɛr'bata]
té (m) negro **czarna herbata** (ż) ['tʃarna hɛr'bata]
té (m) verde **zielona herbata** (ż) [ʒe'lɜna hɛr'bata]
tallarines (m pl) **makaron** (m) [ma'karɔn]
tarta (f) **tort** (m) [tɔrt]
tarta (f) **ciasto** (n) ['tʃastɔ]
taza (f) **filiżanka** (ż) [fili'ʒaŋka]
tenedor (m) **widelec** (m) [vi'dɛlets]
tiburón (m) **rekin** (m) ['rɛkin]
tomate (m) **pomidor** (m) [pɔ'midɔr]
tortilla (f) francesa **omlet** (m) ['ɔmlɛt]
trigo (m) **pszenica** (ż) [pʃɛ'nitsa]
trucha (f) **pstrąg** (m) [pstrɔ̃k]
uva (f) **winogrona** (l.mn.) [vinɔg'rɔna]
vaso (m) **szklanka** (ż) ['ʃkʎaŋka]
vegetariano (adj) **wegetariański** [vɛgɛtarʰ'jaɲski]

vegetariano (m)	**wegetarianin** (m)	[vɛgɛtarʰ'janin]
verduras (f pl)	**włoszczyzna** (ż)	[vwɔʃt'ʃizna]
vermú (m)	**wermut** (m)	['vɛrmut]
vinagre (m)	**ocet** (m)	['ɔtset]
vino (m)	**wino** (n)	['vinɔ]
vino (m) blanco	**białe wino** (n)	['bʲawɛ 'vinɔ]
vino (m) tinto	**czerwone wino** (n)	[tʃɛr'vɔnɛ 'vinɔ]
vitamina (f)	**witamina** (ż)	[vita'mina]
vodka (m)	**wódka** (ż)	['vutka]
whisky (m)	**whisky** (ż)	[u'iski]
yema (f)	**żółtko** (n)	['ʒuwtkɔ]
yogur (m)	**jogurt** (m)	[ɜgurt]
zanahoria (f)	**marchew** (ż)	['marhɛf]
zarzamoras (f pl)	**jeżyna** (ż)	[e'ʒɨna]
zumo (m) de naranja	**sok** (m) **pomarańczowy**	[sɔk pɔmaraɲt'ʃɔvɨ]
zumo (m) fresco	**sok** (m) **ze świeżych owoców**	[sɔk zɛ 'ɕfeʒɨh ɔ'vɔtsuf]
zumo (m), jugo (m)	**sok** (m)	[sɔk]

Polaco-Español glosario gastronómico

łosoś (m)	['wɔsɔɕ]	salmón (m)
łosoś (m)	['wɔsɔɕ]	salmón (m) del Atlántico
łyżeczka (ż)	[wɨ'ʒɛʧka]	cucharilla (f)
łyżka (ż)	['wɨʃka]	cuchara (f)
łyżka (ż) **stołowa**	['wɨʃka stɔ'wɔva]	cuchara (f) de sopa
śledź (m)	[ɕleʧ]	arenque (m)
śliwka (ż)	['ɕlifka]	ciruela (f)
śmietana (ż)	[ɕme'tana]	nata (f) agria
śmietanka (ż)	[ɕme'taŋka]	nata (f) líquida
śniadanie (n)	[ɕɲa'dane]	desayuno (m)
żółtko (n)	['ʒuwtkɔ]	yema (f)
żurawina (ż)	[ʒura'vina]	arándano (m) agrio
żyto (n)	['ʒɨtɔ]	centeno (m)
agrest (m)	['agrɛst]	grosella (f) espinosa
ananas (m)	[a'nanas]	piña (f)
anyż (m)	['anɨʃ]	anís (m)
aperitif (m)	[apɛri'tif]	aperitivo (m)
apetyt (m)	[a'pɛtɨt]	apetito (m)
arbuz (m)	['arbus]	sandía (f)
awokado (n)	[avɔ'kadɔ]	aguacate (m)
bób (m)	[bup]	habas (f pl)
bakłażan (m)	[bak'waʒan]	berenjena (f)
banan (m)	['banan]	banana (f)
bar (m)	[bar]	bar (m)
baranina (ż)	[bara'nina]	carne (f) de carnero
barman (m)	['barman]	barman (m)
bazylia (ż)	[ba'zɨʎja]	albahaca (f)
befsztyk (m)	['bɛfʃtɨk]	bistec (m)
bezalkoholowy	[bɛzaʎkɔhɔ'lɜvɨ]	sin alcohol
białe wino (n)	['bʲawɛ 'vinɔ]	vino (m) blanco
białka (l.mn.)	['bʲawka]	proteínas (f pl)
białko (n)	['bʲawkɔ]	clara (f)
boczek (m)	['bɔʧɛk]	beicon (m)
borówka (ż)	[bɔ'rufka]	arándano (m) rojo
borówka (ż) **czarna**	[bɔ'rɔfka 'ʧarna]	arándano (m)
brokuły (l.mn.)	[brɔ'kuwɨ]	brócoli (m)
brukselka (ż)	[bruk'sɛʎka]	col (f) de Bruselas
brzoskwinia (ż)	[bʒɔsk'fiɲa]	melocotón (m)
burak (m)	['burak]	remolacha (f)
cappuccino (n)	[kapu'ʧinɔ]	capuchino (m)
cebula (ż)	[ʦɛ'buʎa]	cebolla (f)
chleb (m)	[hlep]	pan (m)
chrzan (m)	[hʃan]	rábano (m) picante
ciastko (n)	['ʧastkɔ]	mini tarta (f)

ciasto (n)	['ʧastɔ]	tarta (f)
cielęcina (ż)	[ʧelɛ̃'ʧina]	carne (f) de ternera
cukier (m)	['ʦuker]	azúcar (m)
cukierek (m)	[ʦu'kerɛk]	caramelo (m)
cynamon (m)	[ʦɨ'namɔn]	canela (f)
cytryna (ż)	[ʦɨt'rɨna]	limón (m)
czarna herbata (ż)	['ʧarna hɛr'bata]	té (m) negro
czarna kawa (ż)	['ʧarna 'kava]	café (m) solo
czarna porzeczka (ż)	['ʧarna pɔ'ʒɛʧka]	grosella (f) negra
czekolada (ż)	[ʧɛkɔ'ʎada]	chocolate (m)
czekoladowy	[ʧɛkɔʎa'dɔvɨ]	de chocolate (adj)
czereśnia (ż)	[ʧɛ'rɛɕɲa]	cereza (f)
czerwona porzeczka (ż)	[ʧɛr'vɔna pɔ'ʒɛʧka]	grosella (f) roja
czerwone wino (n)	[ʧɛr'vɔnɛ 'vinɔ]	vino (m) tinto
czosnek (m)	['ʧɔsnɛk]	ajo (m)
dżem (m)	[ʤɛm]	confitura (f)
dżin (m), **gin** (m)	[ʤin]	ginebra (f)
daktyl (m)	['daktɨl]	dátil (m)
danie (n)	['dane]	plato (m)
deser (m)	['dɛsɛr]	postre (m)
dieta (ż)	['dʰeta]	dieta (f)
dodatki (l.mn.)	[dɔ'datki]	guarnición (f)
dorsz (m)	[dɔrʃ]	bacalao (m)
dynia (ż)	['dɨɲa]	calabaza (f)
dziczyzna (ż)	[ʤit'ʃɨzna]	caza (f) menor
farsz (m)	[farʃ]	carne (f) picada
fasola (ż)	[fa'sɔʎa]	fréjol (m)
figa (ż)	['figa]	higo (m)
filiżanka (ż)	[fili'ʒaŋka]	taza (f)
fistaszki (l.mn.)	[fis'taʃki]	pistachos (m pl)
flądra (ż)	[flɔ̃dra]	lenguado (m)
gęś (ż)	[gɛ̃ɕ]	ganso (m)
gazowana	[ga'zɔvana]	gaseoso (adj)
gazowana	[ga'zɔvana]	con gas
gołąbek (m)	[gɔ'wɔ̃bɛk]	rúsula (f)
goździki (l.mn.)	['gɔʑʲʤiki]	clavo (m)
gorący	[gɔ'rɔ̃ʦɨ]	caliente (adj)
gorzki	['gɔʃki]	amargo (adj)
gotowany	[gɔtɔ'vanɨ]	cocido en agua (adj)
granat (m)	['granat]	granada (f)
grejpfrut (m)	['grɛjpfrut]	pomelo (m)
groch (m)	[grɔh]	guisante (m)
gruszka (ż)	['gruʃka]	pera (f)
gryka (ż)	['grɨka]	alforfón (m)
grzyb (m)	[gʒɨp]	seta (f)
grzyb (m) **jadalny**	[gʒɨp ja'daʎnɨ]	seta (f) comestible
grzyb (m) **trujący**	[gʒɨp truɔ̃ʦɨ]	seta (f) venenosa
guma (ż) **do żucia**	['guma dɔ 'ʒuʧʲa]	chicle (m)
halibut (m)	[ha'libut]	fletán (m)
hamburger (m)	[ham'burgɛr]	hamburguesa (f)
herbata (ż)	[hɛr'bata]	té (m)
herbatniki (l.mn.)	[hɛrbat'niki]	galletas (f pl)

imbir (m)	['imbir]	jengibre (m)
indyk (m)	['indɨk]	pava (f)
jęczmień (m)	['entʃmẽ]	cebada (f)
jabłko (n)	['jabkɔ]	manzana (f)
jagoda (ż)	[ja'gɔda]	baya (f)
jagody (l.mn.)	[ja'gɔdɨ]	bayas (f pl)
jajecznica (ż)	[jaetʃ'nitsa]	huevos (m pl) fritos
jajka (l.mn.)	['jajka]	huevos (m pl)
jajko (n)	['jajkɔ]	huevo (m)
jeżyna (ż)	[e'ʒɨna]	zarzamoras (f pl)
jedzenie (n)	[e'dzɛne]	comida (f)
jogurt (m)	[ɜgurt]	yogur (m)
kłos (m)	[kwɔs]	espiga (f)
kałamarnica (ż)	[kawamar'nitsa]	calamar (m)
kabaczek (m)	[ka'batʃɛk]	calabacín (m)
kaczka (ż)	['katʃka]	pato (m)
kalafior (m)	[ka'ʎafɜr]	coliflor (f)
kaloria (ż)	[ka'lɜrja]	caloría (f)
kanapka (ż)	[ka'napka]	bocadillo (m)
kapusta (ż)	[ka'pusta]	col (f)
karczoch (m)	['kartʃɔh]	alcachofa (f)
karp (m)	[karp]	carpa (f)
karta (ż) **win**	['karta vin]	carta (f) de vinos
kasza (ż)	['kaʃa]	cereales (m pl) integrales
kasza (ż)	['kaʃa]	gachas (f pl)
kawa (ż)	['kava]	café (m)
kawa (ż) **rozpuszczalna**	['kava rɔspuʃt'ʃaʎna]	café (m) soluble
kawa (ż) **z mlekiem**	['kava z 'mlekem]	café (m) con leche
kawałek (m)	[ka'vawɛk]	pedazo (m)
kawior (m)	['kavɜr]	caviar (m)
kelner (m)	['kɛʎnɛr]	camarero (m)
kelnerka (ż)	[kɛʎ'nɛrka]	camarera (f)
kiełbasa (ż)	[kew'basa]	salchichón (m)
kielich (m)	['kelih]	copa (f) de vino
kiwi (n)	['kivi]	kiwi (m)
kminek (m)	['kminɛk]	comino (m)
koźlarz (m)	['kɔʑʲʎaʃ]	boleto (m) áspero
koźlarz (m) **czerwony**	['kɔʑʲʎaʃ tʃɛr'vɔnɨ]	boleto (m) castaño
koktajl (m)	['kɔktajʎ]	cóctel (m)
koktajl (m) **mleczny**	['kɔktajʎ 'mletʃnɨ]	batido (m)
kolacja (ż)	[kɔ'ʎatsʰja]	cena (f)
kolendra (ż)	[kɔ'lendra]	cilantro (m)
konfitura (ż)	[kɔnfi'tura]	confitura (f)
koniak (m)	['kɔɲjak]	coñac (m)
konserwy (l.mn.)	[kɔn'sɛrvɨ]	conservas (f pl)
koperek (m)	[kɔ'pɛrɛk]	eneldo (m)
korkociąg (m)	[kɔr'kɔtʃɔ̃k]	sacacorchos (m)
królik (m)	['krulik]	conejo (m)
krab (m)	[krap]	cangrejo (m) de mar
krem (m)	[krɛm]	crema (f) de mantequilla
krewetka (ż)	[krɛ'vɛtka]	camarón (m)
kuchnia (ż)	['kuhɲa]	cocina (f)

kukurydza (ż)	[kuku'rɨdza]	maíz (m)
kukurydza (ż)	[kuku'rɨdza]	maíz (m)
kurczak (m)	['kurtʃak]	gallina (f)
kurka (ż)	['kurka]	rebozuelo (m)
lód (m)	[lyt]	hielo (m)
langusta (ż)	[ʎa'ŋusta]	langosta (f)
lemoniada (ż)	[lemɔ'ɲjada]	limonada (f)
leszcz (m)	[leʃtʃ]	brema (f)
liść (m) **laurowy**	[liɕtʃ ʎau'rɔvɨ]	hoja (f) de laurel
likier (m)	['liker]	licor (m)
lody (l.mn.)	['lɜdɨ]	helado (m)
mąka (ż)	['mɔ̃ka]	harina (f)
majonez (m)	[maʒnɛs]	mayonesa (f)
makaron (m)	[ma'karɔn]	macarrones (m pl)
makaron (m)	[ma'karɔn]	tallarines (m pl)
makrela (ż)	[mak'rɛla]	caballa (f)
malina (ż)	[ma'lina]	frambuesa (f)
mandarynka (ż)	[manda'rɨŋka]	mandarina (f)
mango (n)	['maŋɔ]	mango (m)
marchew (ż)	['marhɛf]	zanahoria (f)
margaryna (ż)	[marga'rɨna]	margarina (f)
marmolada (ż)	[marmɔ'ʎada]	mermelada (f)
marynowany	[marɨnɔ'vanɨ]	marinado (adj)
masło (n) **śmietankowe**	['maswɔ ɕmeta'ŋkɔvɛ]	mantequilla (f)
melon (m)	['mɛlɜn]	melón (m)
menu (n)	['menu]	carta (f), menú (m)
miód (m)	[myt]	miel (f)
mięso (n)	['mensɔ]	carne (f)
mięso (n) **jesiotra**	['mensɔ e'ɕɜtra]	esturión (m)
migdał (m)	['migdaw]	almendra (f)
mleko (n)	['mlekɔ]	leche (f)
mleko skondensowane	['mlekɔ skɔndɛnsɔ'vanɛ]	leche (f) condensada
morela (ż)	[mɔ'rɛʎa]	albaricoque (m)
mrożony	[mrɔ'ʒɔnɨ]	congelado (adj)
muchomor (m)	[mu'hɔmɔr]	matamoscas (m)
musztarda (ż)	[muʃ'tarda]	mostaza (f)
nóż (m)	[nuʃ]	cuchillo (m)
nadzienie (n)	[na'dʒene]	relleno (m)
napój (m) **bezalkoholowy**	['napuj bɛzalkɔhɔ'lɜvɨ]	bebida (f) sin alcohol
napój (m) **orzeźwiający**	['napuj ɔʒɛʑʲvjaɔ̃tsɨ]	refresco (m)
napiwek (m)	[na'pivɛk]	propina (f)
napoje (l.mn.) **alkoholowe**	[na'pɔe aʎkɔhɔ'lɜvɛ]	bebidas (f pl) alcohólicas
niegazowana	[nega'zɔvana]	sin gas
obiad (m)	['ɔbʲat]	almuerzo (m)
ocet (m)	['ɔtset]	vinagre (m)
ogórek (m)	[ɔ'gurɛk]	pepino (m)
okoń (m)	['ɔkɔɲ]	perca (f)
okruchek (m)	[ɔk'ruhɛk]	miga (f)
olej (m) **oliwkowy**	['ɔlej ɔlif'kɔvɨ]	aceite (m) de oliva
olej (m) **roślinny**	['ɔlej rɔɕliŋɨ]	aceite (m) vegetal
olej (m) **słonecznikowy**	['ɔlej swɔnɛtʃnikɔvɨ]	aceite (m) de girasol
oliwki (ż, l.mn.)	[ɔ'lifki]	olivas, aceitunas (f pl)

omlet (m)	['ɔmlɛt]	tortilla (f) francesa
orzech (m) **kokosowy**	['ɔʒɛh kɔkɔ'sɔvɨ]	nuez (f) de coco
orzech (m) **laskowy**	['ɔʒɛh ʎas'kɔvɨ]	avellana (f)
orzech (m) **włoski**	['ɔʒɛh 'vwɔski]	nuez (f)
orzeszek (l.mn.) **ziemny**	[ɔ'ʒɛʃɛk 'ʒemnɛ]	cacahuete (m)
ostryga (ż)	[ɔst'rɨga]	ostra (f)
otwieracz (m) **do butelek**	[ɔt'feratʃ dɛ bu'tɛlek]	abrebotellas (m)
otwieracz (m) **do puszek**	[ɔt'feratʃ dɛ 'puʃɛk]	abrelatas (m)
owies (m)	['ɔves]	avena (f)
owoc (m)	['ɔvɔʦ]	fruto (m)
owoce (l.mn.)	[ɔ'vɔʦɛ]	frutos (m pl)
owoce (l.mn.) **morza**	[ɔ'vɔʦɛ 'mɔʒa]	mariscos (m pl)
ozór (m)	['ɔzur]	lengua (f)
płatki (l.mn.) **kukurydziane**	['pwatki kukurɨ'ʤʲanɛ]	copos (m pl) de maíz
papaja (ż)	[pa'paja]	papaya (f)
papryka (ż)	[pap'rɨka]	pimienta (f) roja
papryka (ż)	[pap'rɨka]	paprika (f)
parówka (ż)	[pa'rufka]	salchicha (f)
pasztet (m)	['paʃtɛt]	paté (m)
pieprz (m) **czarny**	[pepʃ 'ʧarnɨ]	pimienta (f) negra
pietruszka (ż)	[pet'ruʃka]	perejil (m)
piwo (n)	['pivɔ]	cerveza (f)
piwo (n) **ciemne**	[pivɔ 'ʧemnɛ]	cerveza (f) negra
piwo (n) **jasne**	[pivɔ 'jasnɛ]	cerveza (f) rubia
pizza (ż)	['piʦa]	pizza (f)
plasterek (m)	[pʎas'tɛrɛk]	loncha (f)
pomarańcza (ż)	[pɔma'raɲʧa]	naranja (f)
pomidor (m)	[pɔ'midɔr]	tomate (m)
porcja (ż)	['pɔrʦʰja]	porción (f)
posmak (m)	['pɔsmak]	regusto (m)
poziomka (ż)	[pɔ'ʒɜmka]	fresa (f) silvestre
prawdziwek (m)	[prav'ʤivɛk]	seta calabaza (f)
proso (n)	['prɔsɔ]	mijo (m)
przepis (m)	['pʃɛpis]	receta (f)
przyprawa (ż)	[pʃɨp'rava]	condimento (m)
przyprawa (ż)	[pʃɨp'rava]	especia (f)
przystawka (ż)	[pʃɨs'tafka]	entremés (m)
psi grzyb (m)	[pɕi gʒɨp]	oronja (f) verde
pstrąg (m)	[pstrɔ̃k]	trucha (f)
pszenica (ż)	[pʃɛ'niʦa]	trigo (m)
rachunek (m)	[ra'hunɛk]	cuenta (f)
rekin (m)	['rɛkin]	tiburón (m)
rodzynek (m)	[rɔ'dzɨnɛk]	pasas (f pl)
rosół (m)	['rɔsuw]	caldo (m)
rum (m)	[rum]	ron (m)
ryż (m)	[rɨʃ]	arroz (m)
ryba (ż)	['rɨba]	pescado (m)
rzepa (ż)	['ʒɛpa]	nabo (m)
rzodkiewka (ż)	[ʒɔt'kefka]	rábano (m)
sól (ż)	[suʎ]	sal (f)
słodka papryka (ż)	['swɔdka pap'rɨka]	pimiento (m) dulce
słodki	['swɔtki]	azucarado, dulce (adj)

słony	['swɔnɨ]	salado (adj)
sałata (ż)	[sa'wata]	lechuga (f)
sałatka (ż)	[sa'watka]	ensalada (f)
sandacz (m)	['sandatʃ]	lucioperca (f)
sardynka (ż)	[sar'dɨŋka]	sardina (f)
seler (m)	['sɛler]	apio (m)
ser (m)	[sɛr]	queso (m)
sezam (m)	['sɛzam]	sésamo (m)
skórka (ż)	['skurka]	piel (f)
smażony	[sma'ʒɔnɨ]	frito (adj)
Smacznego!	[smatʃ'nɛgɔ]	¡Que aproveche!
smaczny	['smatʃnɨ]	sabroso (adj)
smak (m)	[smak]	sabor (m)
smardz (m)	[smarts]	colmenilla (f)
soczewica (ż)	[sɔtʃɛ'vitsa]	lenteja (f)
soja (ż)	['sɔja]	soya (f)
sok (m)	[sɔk]	zumo (m), jugo (m)
sok (m) **pomarańczowy**	[sɔk pɔmaraɲt'ʃɔvɨ]	zumo (m) de naranja
sok (m) **pomidorowy**	[sɔk pɔmidɔ'rɔvɨ]	jugo (m) de tomate
sok (m) **ze świeżych owoców**	[sɔk zɛ 'ɕfeʒɨh ɔ'vɔtsuf]	zumo (m) fresco
sos (m)	[sɔs]	salsa (f)
spaghetti (n)	[spa'gɛtti]	espagueti (m)
spodek (m)	['spɔdɛk]	platillo (m)
sum (m)	[sum]	siluro (m)
suszony	[su'ʃɔnɨ]	seco (adj)
szafran (m)	['ʃafran]	azafrán (m)
szampan (m)	['ʃampan]	champaña (f)
szczupak (m)	['ʃtʃupak]	lucio (m)
szklanka (ż)	['ʃkʎaŋka]	vaso (m)
szparagi (l.mn.)	[ʃpa'ragi]	espárrago (m)
szpinak (m)	['ʃpinak]	espinaca (f)
szynka (ż)	['ʃɨŋka]	jamón (m)
szynka (ż)	['ʃɨŋka]	jamón (m) fresco
tłuszcze (l.mn.)	['twuʃtʃɛ]	grasas (f pl)
talerz (m)	['taleʃ]	plato (m)
tort (m)	[tɔrt]	tarta (f)
truskawka (ż)	[trus'kafka]	fresa (f)
tuńczyk (m)	['tuɲtʃik]	atún (m)
wódka (ż)	['vutka]	vodka (m)
wątróbka (ż)	[vɔ̃t'rupka]	hígado (m)
wędzony	[vɛ̃'dzɔnɨ]	ahumado (adj)
węglowodany (l.mn.)	[vɛnɛ̃ɜvɔ'danɨ]	carbohidratos (m pl)
węgorz (m)	['vɛŋɔʃ]	anguila (f)
włoszczyzna (ż)	[vwɔʃt'ʃɨzna]	verduras (f pl)
wafle (l.mn.)	['vafle]	gofre (m)
warzywa (l.mn.)	[va'ʒɨva]	legumbres (f pl)
wegetariański	[vɛgɛtarʰ'jaɲski]	vegetariano (adj)
wegetarianin (m)	[vɛgɛtarʰ'janin]	vegetariano (m)
wermut (m)	['vɛrmut]	vermú (m)
whisky (ż)	[u'iski]	whisky (m)
wiśnia (ż)	['viɕɲa]	guinda (f)

widelec (m)	[vi'dɛlets]	tenedor (m)
wieprzowina (ż)	[vepʃɔ'vina]	carne (f) de cerdo
wino (n)	['vinɔ]	vino (m)
winogrona (l.mn.)	[vinɔg'rɔna]	uva (f)
witamina (ż)	[vita'mina]	vitamina (f)
wołowina (ż)	[vɔwɔ'vina]	carne (f) de vaca
woda (ż)	['vɔda]	agua (f)
woda (ż) **mineralna**	['vɔda minɛ'raʎna]	agua (f) mineral
woda (ż) **pitna**	['vɔda 'pitna]	agua (f) potable
wykałaczka (ż)	[vɨka'watʃka]	mondadientes (m)
wyroby (l.mn.) **cukiernicze**	[vɨ'rɔbɨ tsuker'nitʃɛ]	pasteles (m pl)
z lodem	[z 'lɜdɛm]	con hielo
zboża (l.mn.)	['zbɔʒa]	cereales (m pl)
zboże (n)	['zbɔʒɛ]	grano (m)
zielona herbata (ż)	[ʒe'lɜna hɛr'bata]	té (m) verde
ziemniak (m)	[ʒem'ɲak]	patata (f)
zimny	['ʒimnɨ]	frío (adj)
zupa (ż)	['zupa]	sopa (f)

www.ingramcontent.com/pod-product-compliance
Lightning Source LLC
LaVergne TN
LVHW051302080426
835509LV00020B/3106

* 9 7 8 1 7 8 4 9 2 6 6 2 5 *